l'aventure de la grâce

l'aventure de la grâce

la vie de Dieu dans l'âme de l'homme

Vernon Higham

EUROPRESSE

Editions EUROPRESSE
B.P. 505
71322 Chalon-sur-Saône cédex
France
Tél.: (33) 3.85.48.54.09
Fax: (33) 3.85.48.30.78
e-mail : europresse.france@wanadoo.fr

Europresse-Afrique
B.P. 1911
Gagnoa
Côte d'Ivoire
Tél./Fax: (225) 32.77.25.09
e-mail : epafrik@aviso.ci

Publié en Grande Bretagne en 1997
par Christian Focus Publications
sous le titre *"God's Workmanship"*

Première impression en français 2000

ISBN 2 906287 93 8

Les citations de versets bibliques proviennent de la version L. Segond, nouvelle édition de Genève 1979, Société Biblique de Genève

Dépôt légal 3ème trimestre 2000
Imprimé en U.E.

Préface

La plus merveilleuse expérience qu'une personne puisse faire est celle qui l'introduit dans une relation vivante avec Dieu par Jésus-Christ. C'est l'œuvre par laquelle Dieu sauve l'âme d'un être humain. Celui-ci a donc la mort du Seigneur Jésus en grande estime, car c'est lui qui a porté son châtiment de coupable et l'a affranchi des terribles conséquences de son péché. Il attache également une grande valeur à la vie de Christ, cette vie qui a été si agréable à Dieu, car en accomplissant la Loi à sa place, le Seigneur permet l'imputation de sa vie d'obéissance au pécheur qui se repent. Cette expérience et elle seule fait d'une personne un chrétien.

Dans ce livre, nous nous proposons de décrire l'aventure de la grâce, ce cheminement d'une vie vécue avec Dieu, aussi bien dans son œuvre vitale initiale que dans sa sûre poursuite tout au long de la vie. Le chrétien entre dans une union avec le grand Partenaire divin. La déclaration de Paul aux Philippiens m'enthousiasme toujours : «Ainsi, mes bien-aimés, comme vous avez toujours obéi, mettez en œuvre votre salut avec crainte et tremblement, non seulement comme en ma présence, mais bien plus encore maintenant que je suis absent ; car c'est Dieu qui produit en vous le vouloir et le faire, selon son bon plaisir» *(2:12,13)*. Notre salut implique que nos pensées et nos actes se conforment à des principes spirituels. Mais nous devons également comprendre que Dieu œuvre par sa grâce à la fois sur notre volonté et sur notre capacité d'action.

En accomplissant son merveilleux dessein en nous, Dieu nous implique entièrement. Notre relation avec lui se caractérise par une sensibilité à ce qui lui est agréable et à ce qui attriste le Saint-Esprit. Ce partenariat influence tous les aspects de notre vie, nos joies comme nos peines, nos espoirs comme nos craintes, car nous savons que dans ces choses nous ne sommes pas seuls. Même dans la sombre vallée de la mort, Christ est en nous, l'espérance de la gloire.

Je tiens beaucoup à ce que nous, les enfants de Dieu, nous soyons immanquablement saints aux yeux de tous, ce qui signifie que nos pensées, nos sentiments et nos décisions fassent une grande place au Seigneur, qu'il règne sur le trône de notre cœur. Dans cette vie nouvelle dans la grâce, nous devons avoir pleinement conscience que Dieu ne se contente pas de penser à nous, mais qu'il agit en nous pour nous purifier d'une manière si tendre que nous nous réjouissons de ce partenariat de tout notre cœur et de toute notre âme. Une fois chrétiens, nous ne sommes plus jamais seuls ; nous devons le *savoir* et le *sentir*.

Les attentes que Dieu a placées sur nous sont parfois intimidantes. Mais comme il est de notre côté et avec nous, nous bénéficions de sa grâce pour remporter la victoire et atteindre finalement notre objectif glorieux. Voilà ce qu'est la vie avec Dieu, le Dieu qui ne fait jamais défaut et ne nous rejette pas mais qui nous prépare pour le jour où nous jouirons éternellement de la communion avec lui dans le ciel. A nous de coopérer avec lui, de nous soumettre à sa volonté, de nous délecter de sa présence et de lui demander la grâce de pouvoir l'aimer tous les jours de notre vie.

1

La régénération

«Il y a... un temps pour naître...» *(Ecclésiaste 3:2)*

Il est presque impossible de savoir par où commencer pour décrire l'œuvre de la grâce divine qui fait d'un être humain un chrétien. C'est comme un artiste qui voudrait peindre la beauté sublime du Cervin. Il rassemble ses pinceaux, son chevalet, ses peintures, tout son matériel et cherche un endroit d'où il aura une vue superbe sur le massif alpin. Il se demande alors ce qu'il va représenter en premier. Les couleurs et les ombres varient à l'infini avec la luminosité du jour, le passage des nuages dans le ciel et la chaleur du jour. Comment figer sur une toile un paysage si vivant et si émouvant ? Il s'imprégnera du spectacle, puis il esquissera les versants de ce pic majestueux qui se découpe sur un ciel d'azur dans le lointain ; il peindra un arbre en fleurs au premier plan et veillera à choisir les coloris pour être le plus fidèle possible à la réalité. Mais une fois son chef d'œuvre achevé, malgré toute la peine qu'il se sera donnée, son tableau n'est vraiment, dans tous les sens du terme, qu'une réduction de la réalité.

A bien réfléchir, l'œuvre de la grâce dans l'âme de l'homme est un plus grand défi encore.

Nous restons bouche bée, toutefois, lorsque nous songeons à la plus grande merveille de l'amour de Dieu et essayons d'imaginer sa profondeur, sa hauteur et sa largeur. Les touches fines et tendres de la miséricorde divine dans notre vie nous plongent dans une admiration sans borne, au point que nous nous écrions avec l'auteur d'un cantique connu : «Dieu Tout-Puissant, que tu es grand !»

Il est impossible de décrire l'expérience de chaque individu et de rapporter en détail son cheminement particulier. Cependant tous ceux qui sont passés de la mort à la vie présentent en commun des traits caractéristiques essentiels et facilement reconnaissables. Il existe plusieurs façons d'exprimer cette transformation spirituelle, et nous devons être bien au clair à ce sujet. Il y a une grande différence entre le fait d'être myope et celui de n'avoir jamais rien vu par suite d'une cécité totale, ou entre le fait d'être dur d'oreille et celui de n'avoir jamais entendu à cause d'une surdité totale. Il est tout aussi impossible de faire comprendre le concept du son à un sourd que celui de la couleur à un aveugle. Il y a de même une grande différence entre le fait de ne pas se sentir bien, voire de mourir, et celui de n'avoir jamais goûté à la vie. La mort spirituelle est une éclipse totale de tout ce qui est spirituel. Bien qu'elle n'empêche pas activité et connaissance religieuses, elle caractérise un état tout à fait différent de la vie en Dieu.

En Éphésiens 2:4,5, Paul fait allusion à des morts «rendus vivants» : «Dieu, qui est riche en miséricorde, à cause du grand amour dont il nous a aimés, nous qui étions morts par nos offenses, nous a *rendus vivants* avec Christ (c'est par grâce que vous êtes sauvés).» Au premier verset de ce même chapitre, il décrit les Éphésiens comme étant jadis «morts par [leurs] offenses et par [leurs] péchés». Être spirituellement mort, c'est être «mort dans ses péchés».

Tout le monde hérite cette condition d'Adam, le premier être humain. On l'appelle le *péché originel* qui demeure et agit comme un principe puissant dans notre nature, si bien que son influence entache même nos œuvres les plus nobles. Nous avons beau tout essayer, nous ne pouvons pas nous débarrasser de cette réalité, ni même nous en détacher peu à peu. Le péché originel agit comme un étau qui nous enserre et nous interdit de comprendre les choses spirituelles. Dans cette condition, nous sommes cependant capables de faire beaucoup de choses. Ainsi, nous pouvons être aimables et mener une vie morale, sachant que l'opposé est également possible. Mais comme nous sommes dans un état de mort spirituelle, nous ne pouvons pas nous en affranchir ni même voir la nécessité de le faire. Paul décrit fort justement l'état de celui qui est mort spirituellement : «L'homme naturel n'accepte pas les choses de l'Esprit de Dieu, car elles sont une folie pour lui, et il ne peut les connaître, parce que c'est spirituellement qu'on en juge» *(1 Corinthiens 2:14).*

Cela soulève un problème. Comment devenir spirituellement vivant pour comprendre la foi chrétienne et l'embrasser ? La réponse est simple : c'est l'œuvre de Dieu. Ceci ne signifie toutefois pas que nous ne sommes pas impliqués. En fait, jamais encore nous n'avons été impliqués dans quelque chose d'aussi vital.

C'est seulement a posteriori que nous pouvons remonter à l'origine de notre propre expérience. Elle semble à nos yeux avoir eu des débuts tellement modestes !

Cela vient parfois au travers de l'influence d'une personne qui est habitée par une paix profonde, malgré les difficultés et les tristesses qui ont jalonné sa route. Nous nous disons qu'à sa place, nous aurions été écrasés et incapables de réagir comme elle. Même si elle nous explique le secret de son grand calme et la manière dont le Seigneur Jésus-Christ a changé sa façon de voir les choses, il se peut que cela ne laisse pas une impression forte et durable à première vue.

A d'autres moments, nous nous sommes peut-être trouvés dans des circonstances que nous n'avons pas souhaitées mais qui nous amènent à penser à Dieu et à découvrir au fond de nous-mêmes une aspiration après quelque chose que nous ne sommes pas en mesure de nommer. C'est comme si nous étions à la recherche d'une corde spirituelle perdue qui, si nous la retrouvions, nous mettrait au diapason de Dieu.

Il arrive aussi qu'un ami nous ait invité à une réunion chrétienne à laquelle nous nous sommes rendu pour lui faire plaisir. Et pourtant, nous avons été heureux de cette invitation et d'y avoir répondu.

Peu à peu, nous nous rendons compte qu'il se passe quelque chose en nous. Pourtant, si quelqu'un osait prétendre que nous ne sommes pas en règle avec Dieu, nous protesterions avec véhémence, nous étalerions nos vertus et nous nous raccrocherions à la première bouée de sauvetage. Nous soulignerions que nous avons fréquenté l'école du dimanche et que nos parents étaient pieux. Bref, nous chercherions à nous justifier par tous les moyens. Cependant, un espoir est né.

A ce stade, la crainte et un sentiment d'indignité nous envahissent parfois, alors qu'à d'autres moments, la pensée de la présence du Seigneur remplit notre cœur d'allégresse. Il nous arrive aussi de nous relâcher facilement et de nous éloigner un certain temps. Mais lorsque Dieu a commencé une œuvre dans une âme, il ne l'abandonne plus, mais la poursuit jusqu'à l'accomplissement de ce qu'il avait prévu pour elle, c'est-à-dire son bien éternel.

«Lorsque tu touches le cœur,
Alors commence à luire la vérité
Et disparaissent les terrestres vanités,
Remplacées par l'amour du Seigneur.»

Il arrive un moment où le message de l'Évangile illumine clairement notre âme, et où notre amour pour les choses de Dieu s'approfondit. L'esprit comprend et accepte le fait que le Seigneur Jésus-Christ est le Fils de Dieu. Nous sommes alors capables de dire «Amen» à la réponse que Pierre donna à la question de Christ au sujet de son identité : «Tu es le Christ, le Fils du Dieu vivant» *(Matthieu 16:16).* Quelle merveilleuse déclaration ! Nous sentons qu'elle exprime tout à fait ce que nous avons découvert.

Mais lorsqu'il saisit ce que le Seigneur Jésus ajoute : «Ce ne sont pas la chair et le sang qui t'ont révélé cela, mais c'est mon Père qui est dans les cieux» *(v.17)*, notre cœur pousse un «Amen» encore plus retentissant. L'activité secrète de la grâce de Dieu qui révèle ces choses devient de plus en plus claire. L'esprit éclairé comprend la valeur et l'implication spirituelle de la vie de Christ. Il a accompli jusqu'au moindre détail la sainte Loi de Dieu en notre faveur. Alors sa croix se dresse devant nos yeux et nous comprenons enfin que cette crucifixion n'avait rien d'ordinaire. Sur la croix, Jésus a subi la sanction que méritaient nos péchés, c'est-à-dire la mort. Il est mort à notre place pour que nous ne soyons pas condamnés au jour du jugement. Il est très précieux de savoir que le Seigneur a mené à notre place une vie que nous n'aurions jamais su vivre et qu'il a subi la mort que nous aurions dû expérimenter pendant toute l'éternité. A notre raison qui comprend ces vérités s'ajoute notre cœur qui est vivement touché par un tel amour, une telle miséricorde et une telle grâce. Nous entrons alors dans la phase de notre premier amour.

Notre âme est invitée à réagir. «Que dois-je faire ?», s'écrie ma volonté. «Je ne serai jamais assez bon pour mériter un tel amour.» Elle se reconnaît coupable de beaucoup de décisions et d'actions insensées, mais elle n'ose pas s'approcher du Sauveur. Or l'âme sent de plus en plus que Christ l'invite à venir à lui, et qu'il le fait avec une grâce qu'elle sait impossible à mériter. Nous nous souvenons alors des paroles de l'Écriture qui déclarent que Jésus est venu pour chercher et sauver ceux qui étaient perdus. Il est frappant de voir le Saint-Esprit s'emparer d'un verset biblique ou d'une vérité spirituelle pour l'appliquer à notre intelligence. En fin de compte, le pécheur est invité à accepter le pardon. La grâce divine du pardon entraîne notre volonté, et notre âme murmure, avec sérénité et humilité mais soutenue par une confiance nouvelle, qu'elle vient au Sauveur telle qu'elle est :

«Venez, vous qui êtes fatigués et chargés,
Vous tous que la chute a écrasés et brisés ;
Si d'aventure vous attendez d'être parfaits
Alors sachez que vous ne viendrez jamais :

Ce ne sont pas les justes que Jésus appelle,
Mais bien plutôt les pécheurs rebelles.»

En s'approchant de Dieu, l'âme révèle deux traits essentiels. Ils font partie du sentier que tous les pécheurs empruntent au fur et à mesure que leur intelligence est illuminée, que leur cœur est touché par de saints désirs et que leur volonté a hâte de venir à Christ. Ce n'est pas à dire que toutes les conversions sont des copies conformes les unes des autres, car toutes sortes d'influences s'exercent sur nous. De plus nos tempéraments étant différents, nos réactions le sont aussi. Il existe néanmoins des facteurs communs, dont les deux principaux sont la *repentance* et la *foi*. Ces deux éléments doivent être présents si le pécheur veut s'approprier les bienfaits de la vie parfaite du Sauveur et de sa mort expiatoire sur le calvaire.

Il faut que nous soyons au clair sur la manière dont se déroule l'expérience de la grâce. La repentance envers Dieu fait évidemment partie intégrante du processus. Elle doit nécessairement inclure un élément de foi pour que nous comprenions pourquoi nous sommes en train de nous repentir et pourquoi nous éprouvons de la tristesse à cause de notre péché. Il ne s'agit pas d'un phénomène superficiel, car la repentance implique la totalité de notre être. L'esprit reconnaît le fait du péché et que nous sommes des pécheurs qui ont offensé le Dieu saint. Nos sentiments sont profondément touchés au point que nous éprouvons ce que la Bible appelle une «tristesse selon Dieu» et un désir de changer.

Le poids de la réalité de cette tristesse à cause du péché et ce désir sincère de changer poussent la volonté à agir : «En effet, la tristesse selon Dieu produit une repentance à salut dont on ne se repent jamais, tandis que la tristesse du monde produit la mort» *(2 Corinthiens 7:10)*.

A ce moment entre en scène la foi que la prédication de la Parole de Dieu met en action. C'est l'intelligence qui acquiesce à la vérité de l'Évangile et exerce la foi. Nous sommes placés en face de la vérité ; la foi comporte donc un élément de *connaissance*, autrement nous serions insensés de faire confiance à quelque chose ou à quelqu'un dont nous ignorons tout. L'âme commence par examiner attentivement le contenu de l'Évangile ; ensuite, l'ayant compris et convaincue de son intégrité, elle se confie à cette vérité glorieuse.

Un exemple simple nous permet de montrer la différence entre la foi et la folie. Imaginons un malade auquel on présente un flacon contenant une potion dont il ne connaît pas la nature. Le patient le boit, et les résultats sont désastreux. Supposons maintenant qu'un médecin de renom examine le malade, diagnostique avec justesse sa maladie et lui prescrive un remède. Le patient accepte la potion avec empressement, connaissant pertinemment sa valeur thérapeutique. Mais il l'enferme aussitôt dans une armoire qu'il cadenasse et dont il cache la clé. Il fait ensuite l'éloge du docteur et exprime sa reconnaissance de posséder le médicament adéquat. Cela ne l'empêche pas de mourir. En effet, il n'aura tiré aucun profit du traitement prescrit, puisqu'il ne se l'est jamais approprié. La connaissance est une bonne chose, mais la confiance l'est tout autant. Si le malade avait pris le remède préconisé, il aurait démontré sa confiance en son efficacité.

De même, il est essentiel de posséder une certaine connaissance de l'Évangile avant de placer sa confiance dans le Sauveur. C'est le rôle de la foi sans laquelle nul ne peut voir Dieu. Où trouver cette foi ? «C'est par la grâce que vous êtes sauvés, par le moyen de la foi. Et cela ne vient pas de vous, c'est le don de Dieu» *(Ephésiens 2:8)*.

Nos émotions et notre volonté sont également engagées dans ce processus car, lorsque la grâce de Dieu est à l'œuvre et que notre âme réagit, il est impossible qu'elle ne tienne pas compte de nos sentiments et de nos décisions. La pensée du Sauveur qui se sacrifie volontairement nous émeut profondément et inonde notre cœur de gratitude. Puis, lorsque la foi possède les éléments indispensables, vient le moment de l'abandon au Seigneur. Notre volonté, qui connaît assez de l'Évangile pour faire confiance au Sauveur, décide de faire le pas final de la foi.

Dans la vie d'un être humain, aucune expérience n'est supérieure à celle qui fait de lui un chrétien. Tout comme le Cervin fascine le peintre par la diversité de ses formes et de ses couleurs, l'expérience chrétienne nous donne des aperçus de la grâce souveraine de Dieu et l'assurance qu'il se tient aux côtés de son peuple. Dans un monde rempli d'incertitudes et d'insécurité, et dans une existence si précaire, nous trouvons une stabilité, une raison d'être et un objectif que nous n'aurions jamais cru possibles. Dès lors, le principe moteur de notre vie sera la grâce divine. Notre but suprême est désormais de glorifier Dieu et de trouver en lui notre bonheur éternel. Il est impossible de rester indifférent devant un tel Évangile et devant un Dieu si compatissant.

La découverte de l'implication de Dieu

Il ne nous faudra pas longtemps pour découvrir que la révélation que nous avons reçue est *spéciale*. Au début, nous nous imaginons que si nous expliquons l'Évangile à nos amis, ils le comprendront d'emblée. Or, ce n'est pas le cas. Cette constatation nous trouble, d'autant plus que leur sort éternel est en jeu. Nous nous rendons alors peu à peu compte qu'un autre facteur intervient, l'activité de Dieu. Un verset souvent cité et aimé à juste titre déclare : «Je ne mettrai pas dehors celui qui vient à moi» *(Jean 6:37)*. Cette promesse fait l'effet d'une douce musique aux oreilles du pécheur qui cherche Dieu. Le verset complet nous enseigne cependant autre chose : «*Tous ceux que le Père me donne viendront à moi,* et je ne mettrai pas dehors celui qui vient à moi.» Cette parole garantit encore plus fortement notre acceptation par le Sauveur. Nous sommes le don du Père au Fils.

Ce fait éveille en nous une autre pensée, à savoir que si nous sommes le don du Père au Fils, notre éveil et notre cheminement spirituels sont davantage que ce que nous avions imaginé. Nous saisissons alors humblement la vérité que Dieu lui-même est la cause première dans le mécanisme qui fait de nous un chrétien. C'est lui qui a visité le sanctuaire de notre âme et a radicalement changé ses dispositions. Il a fait naître la vie et la sainteté au plus profond de notre être intérieur. Dans sa *Théologie systématique*, le théologien Louis Berkhof décrit l'acte initial de la grâce qui place le pécheur sur la voie du salut et de la paix avec Dieu par le Seigneur Jésus-Christ :

> «La régénération est l'acte par lequel Dieu implante la vie nouvelle en l'homme, sanctifie la disposition directrice de l'âme et assure le premier exercice saint de cette nouvelle disposition.»

La régénération est un acte souverain et indépendant que Dieu opère dans le sanctuaire de l'âme, de telle sorte qu'il se produit réellement un changement du cœur. Très vite, en réponse à la prédication de la Parole, l'âme se met en mouvement : l'intelligence, les émotions et la volonté sont dirigées vers Jésus-Christ, le seul espoir de salut. Cette œuvre silencieuse et invisible s'accomplit dans le subconscient, mais ses effets ne tardent pas à se faire sentir sous la forme d'un nouvel appétit pour les choses de Dieu. Comme il s'agit d'une œuvre indépendante et souveraine de Dieu, à partir de maintenant, plus rien ne sera comme avant. Une fois que la grâce a commencé son œuvre dans l'âme, elle la poursuivra jusqu'à son heureuse conclusion. L'homme est passé de la mort à la vie. Seul Dieu peut détourner le cours de l'âme de sa destination malheureuse et l'orienter vers lui et vers un but glorieux. L'âme éveillée et l'intelligence éclairée accourent sans tarder vers le Sauveur pour être justifiées devant le Dieu saint, au moyen de son œuvre coûteuse et précieuse accomplie en notre faveur. Nous ne comprendrons jamais ici-bas toute l'étendue du mystère de sa miséricorde envers ses enfants. Il nous suffit d'être reconnaissants de savoir qu'il fait tout à merveille.

L'œuvre de la grâce dans l'âme du pécheur est aussi appelée la *nouvelle naissance*, car elle nous fait entrer dans la vie nouvelle en Christ. Notre vie change de direction, tout est nouveau : «Si quelqu'un est en Christ, il est une nouvelle création. Les choses anciennes sont passées ; voici, toutes choses sont devenues nouvelles» *(2 Corinthiens 5:17)*. Dieu a mis sa vie en nous et nous jouissons d'un grand privilège. Les cieux se réjouissent et nous en sommes éternellement heureux.

Il y a quelques années, j'ai enseigné le dessin dans une école. A cette occasion, j'ai beaucoup appris en observant les élèves. Supposons que les enfants aient eu à peindre une scène représentant quelques personnages au premier plan et des collines à l'arrière-plan. Si les élèves avaient été laissés libres de faire à leur guise, la plupart d'entre eux auraient d'abord peint les personnages et tenté ensuite de combler le vide autour.

Le résultat n'aurait pas été joli à voir. Les couleurs auraient été agressives et il y aurait eu des espaces vides. Tout cela, parce que le tableau n'aurait pas été correctement esquissé. Il fallut d'abord apprendre aux artistes en herbe à peindre le fond avec des teintes pastel avant d'ajouter les détails en couleurs plus vives à l'avant.

Cette illustration nous enseigne une leçon. Imaginons que les personnages au premier plan représentent nous-mêmes, le Sauveur et Satan. Un conflit se déroule. A un moment donné, nous écoutons Satan nous dire que nous serons misérables et privés de toute joie si nous suivons Jésus. L'instant d'après, nous sommes attirés par l'amour du Sauveur et par l'offre de vie qu'il lance au pécheur qui vient à lui. S'il s'agissait d'un dessin animé, nous verrions Satan chassé et le Sauveur accepté à bras ouverts. De ce point de vue, notre responsabilité ne fait aucun doute : nous avons répondu à l'invitation et sommes venus au Sauveur. Nous pouvons alors chanter :

«Je suis venu à Jésus tel que j'étais,
Las, accablé et malheureux ;
En lui j'ai trouvé la vraie paix ;
Il m'a rendu réellement joyeux.»

Ces lignes semblent parfaitement exprimer «mon» engagement, mais à ce moment je sens une petite tape sur l'épaule et une voix me demande de me retourner pour examiner plus attentivement les montagnes en toile de fond. J'apprends que c'est la chaîne des montagnes de la grâce souveraine de Dieu ; chaque sommet a son nom. Il y a là la montagne des grands desseins de Dieu, le mont de l'élection, celui de la providence, de la sainte volonté de Dieu, les pics de la prédestination, de l'amour et de la miséricorde. Et d'autres encore. Je m'émerveille devant cette haute et immense chaîne montagneuse. Je commence alors à comprendre que mon salut ne se réduit pas à l'expérience rappelée plus haut, celle d'une lutte d'influence entre Christ et Satan et de ma décision à suivre le Seigneur. Dieu était déjà actif dans ce processus avant la création du monde. Plus je m'approche de ces montagnes de la grâce, plus j'acquiers de l'assurance et de la fermeté, sans pour autant mettre en oubli ce jour heureux où mon choix s'est porté sur mon Sauveur. Ce n'est là qu'une simple illustration à partir d'un tableau. La réalité est encore plus merveilleuse et plus glorieuse. C'est pourquoi nous avons une pleine confiance en lui :

> «Car j'ai l'assurance que ni la mort ni la vie, ni les anges ni les dominations, ni les choses présentes ni les choses à venir, ni les puissances, ni la hauteur ni la profondeur, ni aucune autre créature ne pourra nous séparer de l'amour de Dieu manifesté en Jésus-Christ notre Seigneur» *(Romains 8:38,39).*

Ainsi commence l'aventure de la grâce, «la vie de Dieu dans l'âme de l'homme». Ceux qui possèdent cette vie ont l'assurance que Dieu «qui a commencé en [eux] cette bonne œuvre la rendra parfaite pour le jour de Jésus-Christ» *(Philippiens 1:6).* Nous montrerons dans les chapitres suivants comment cela s'opère. C'est le miracle de son œuvre en nous, ses élus.

2

La sanctification

« ... pour marcher d'une manière digne du Seigneur et lui être entièrement agréables, portant des fruits en toutes sortes de bonnes œuvres et croissant par la connaissance de Dieu. » (Colossiens 1:10)

Seul le ciel lui-même pourrait être plus merveilleux que l'expérience de l'âme qui trouve son Sauveur et reçoit la douce assurance du pardon de ses péchés et d'une place réservée dans la gloire. Lorsqu'elle se produit chez quelqu'un, plus rien ne peut vraiment être comme avant pour cette personne. Au changement de destination s'ajoute un changement de direction dans la vie.

Comme le dit la Bible, le chrétien est vraiment une nouvelle création *(2 Corinthiens 5:17)*. D'un certain point de vue, la vie ancienne est passée et terminée. Cela ne signifie pas que le chrétien doive se séparer de sa famille, de ses amis et associés, mais plutôt que son amour pour eux et les soins dont il les entoure prennent une dimension différente. Il espère que, par sa façon de marcher avec Dieu et par sa joie de savoir qu'il lui appartient, les siens s'apercevront du changement opéré en lui.

Comme nous l'avons vu au chapitre précédent, tout change à partir du moment où Dieu envoie son Saint-Esprit dans notre cœur et nous vivifie. Le principe de la vie nouvelle est implanté dans le sanctuaire même de l'âme et avec lui s'établit une nouvelle disposition, une disposition sainte.

Alors une réponse essentielle se produit, lorsque nous venons à Christ et le découvrons comme un Sauveur merveilleux qui a satisfait les exigences de la Loi divine de deux manières. L'une se décrit comme une obéissance active, l'autre comme une obéissance passive. Par son obéissance active, il a accompli à notre place toutes les exigences de la Loi en menant une vie parfaite. Par son obéissance passive, il a endossé nos manquements à satisfaire la sainte volonté de Dieu et a subi toute la juste sanction de nos désobéissances à la Loi. Christ a pris sur lui le châtiment que méritaient nos péchés ; notre faute lui a été imputée lorsqu'il a pris notre place et a été puni. En retour, l'excellence et la justice de sa vie parfaite sont portées à notre compte, autrement dit nous sont imputées. Le Seigneur a mené pour nous une vie que nous n'aurions jamais pu mener, et il a subi la mort que nous aurions dû subir éternellement.

A partir de ce moment, nous marchons avec le Seigneur et sommes conduits par le Saint-Esprit, ce même Esprit qui nous a réveillés du sommeil de la mort et amenés à Christ. Le Seigneur décrit cette vie nouvelle comme un cheminement sur un sentier étroit *(Matthieu 7:14)*. C'est une vie digne qui se conforme à la volonté de Dieu et qui lui est agréable.

Lorsque nous lisons que sans la sanctification, nous ne verrons pas Dieu *(Hébreux 12:14)*, il est important de réaliser que cela ne signifie pas que nos progrès dépendent de notre adhésion à un système de règles rigoureuses dont l'observation nous permettrait de trouver accès à Dieu. L'auteur inspiré dit simplement que la vie divine devrait être de plus en plus visible en nous. Il s'agit d'une œuvre double. Premièrement, Dieu persévère et nous montre patiemment le chemin qu'il veut que nous empruntions. Deuxièmement, il demande notre coopération joyeuse. Mais souvenons-nous toujours que la force nécessaire nous vient de Dieu lui-même. C'est pourquoi la Bible nous encourage à «[mettre] en œuvre [notre] salut avec crainte et tremblement... car c'est Dieu qui produit en [nous] le vouloir et le faire selon son bon plaisir» *(Philippiens 2:12,13)*. Ce verset souligne l'équilibre entre la volonté et la puissance souveraines de Dieu d'un côté, et notre responsabilité de chrétien de l'autre.

La vie chrétienne est souvent décrite comme une *croissance dans la grâce*. Il est vrai que nous sommes d'abord des bébés spirituels nouveau-nés qui ont besoin de devenir des enfants puis des croyants matures. Comme c'est une vie de communion avec Dieu, la nature pure et parfaite de Dieu exerce inévitablement une influence bienfaisante sur nous.

Lorsque deux conjoints ont vécu beaucoup d'années de bonheur ensemble, ils finissent par posséder des perspectives et des pensées très semblables ; il est évident qu'ils se comprennent très bien et chacun connaît les sentiments et les réactions de l'autre dans les différentes situations. C'est une belle illustration d'une unité harmonieuse, ce qui n'empêche pas chacun des époux de conserver son identité et sa personnalité propres.

Sur un plan plus élevé et spirituel, notre marche avec Dieu devrait refléter de façon croissante la douce harmonie, la communion et l'unité entre le Seigneur et le croyant. Cela ne fait pas pour autant du chrétien un «clone» spirituel ; il conserve son identité propre, unique et pleine d'intérêt. On m'a appris dans mon enfance (je ne suis pas tout à fait sûr que ce soit vrai) qu'il n'existe pas deux flocons de neige rigoureusement identiques. Il me semble qu'il faudrait des siècles d'observation pour attester ce fait. En revanche, je suis absolument certain qu'il n'y a pas deux individus parfaitement semblables. Nous sommes tous différents et uniques. Notre valeur individuelle tient au fait que Dieu lui-même nous accorde une attention toute particulière.

Une expérience que j'ai personnellement vécue il y a quelques années me permet d'illustrer mon propos. Il me fallait des soins constants pendant une période prolongée. Un médecin renommé et très compétent était chargé de veiller sur moi et sur quelques autres personnes. Dans son domaine, c'était un homme hautement qualifié et de renommée mondiale, mais il était d'une telle humilité que je finis par le considérer comme un ami proche, car il avait réussi à me faire sentir combien j'avais de la valeur à ses yeux. Vint le jour de son départ à la retraite. Ses patients organisèrent une petite fête en son honneur avec la remise d'un cadeau en signe d'appréciation. Vers la fin de la rencontre, alors qu'il s'apprêtait à dire quelques mots, une chose remarquable se produisit. Toute l'assistance s'avança pour lui serrer la main ou lui donner une accolade. Jamais je n'ai vu une démonstration d'amour aussi touchante de la part d'une foule composée d'êtres si divers venant d'arrière-plans si variés. Ma première réaction fut pourtant un refus étrange d'admettre la constatation que toutes ces personnes lui étaient chères. Je compris alors quel être remarquable était cet homme. Il avait un cœur assez grand pour nous y accueillir tous sans pour autant priver quiconque de son attention et de ses soins particuliers. Je garderai toujours de lui un souvenir chaleureux et reconnaissant. Dans ce même ordre d'idée mais sur un plan bien plus élevé, le psalmiste déclare : «Le Seigneur pense à moi» *(40:18).*

Quel fait extraordinaire que le Créateur de l'univers, parfait dans tous ses attributs et dans toutes ses voies, pense à moi personnellement ! Le Dieu qui sait quand un moineau tombe à terre et qui connaît le nombre de mes cheveux n'ignore évidemment pas les émois de mon cœur. Nous sommes dans sa main, et il nous accorde une pleine attention.

Dans une société dénuée d'attention et un monde qui devient chaque jour plus dur, Dieu me témoigne un amour toujours égal et m'entoure de ses soins fidèles. Mes progrès spirituels lui tiennent beaucoup à cœur et ne lui sont pas étrangers.

«Dieu qui a fait le monde,
L'air, le ciel et l'onde,

Qui a créé le soleil éclatant
Prend soin de moi, son enfant.»

Le chrétien sait qu'un événement exceptionnel s'est produit et que sa relation avec Dieu est durable. Le Saint-Esprit sera mon guide et mon maître sur le chemin étroit au fur et à mesure que Dieu accomplit ses projets en ma faveur, selon ses voies en me perfectionnant et en me purifiant sans cesse par sa grâce. Ma position devant lui reste continuellement la même, mais ma progression se poursuit tous les jours de ma vie.

Une des faces d'une pièce de monnaie porte l'effigie du souverain du pays ou le symbole de l'État, et sur l'autre figure la valeur qui a cours dans le pays en question. Cette métaphore s'applique au chrétien. Sur une face de son expérience spirituelle est gravée le buste du Seigneur en signe de la position qu'il occupe en Christ. Ce fait rappelle que son péché et son iniquité ont été imputés à Christ qui en a subi la sanction correspondante à sa place. De manière tout aussi certaine, la vie parfaite de Christ, qui a pleinement satisfait les exigences de la Loi divine, est imputée au chrétien, comme s'il avait mené une vie pleine de grâce. La justice de Christ est portée sur son compte. Sa position est donc totalement assurée. C'est pourquoi l'empreinte du Seigneur est fermement gravée sur une face de notre pièce spirituelle.

Mais si tel est le cas, l'autre face de la pièce ne doit pas rester vierge. Elle reflétera une activité spirituelle par laquelle nous coopérons étroitement au plan de Dieu pour nous, grâce à l'aide et à la capacité du Saint-Esprit. Le fait que Dieu nous aide à accomplir ce qui est notre part montre à quel point il est bon. Cette face de la pièce correspond à notre progression dans la grâce.

On peut brièvement décrire l'œuvre de la grâce de la façon suivante. D'un côté, la justice de Christ est mise au compte du croyant (autrement dit la justice imputée) ; de l'autre, la justice de Christ agit dans le croyant (autrement dit la justice impartie). Assurons-nous que cette deuxième face raconte elle aussi l'histoire de la grâce.

Le sixième chapitre de l'épître aux Romains décrit de façon frappante l'œuvre spirituelle de sanctification qui amène le croyant à ressembler de plus en plus au Sauveur. Pour bien l'apprécier, arrêtons-nous un instant pour réfléchir au changement profond opéré par Dieu pour faire de nous des chrétiens.

Si nous considérons le cœur comme l'esprit ou le sanctuaire de l'âme, nous comprendrons plus facilement les bases de cet enseignement. L'Écriture décrit en termes sans équivoques ce que nous sommes par nature : «L'Éternel vit que la méchanceté des hommes était grande sur la terre, et que toutes les pensées de leur cœur se portaient *chaque jour uniquement vers le mal*» *(Genèse 6:5).* Il ne faut donc rien moins qu'un changement de cœur pour qu'une telle âme se tourne vers Dieu.

Ce changement s'opère lors de notre nouvelle naissance ou régénération : «Dieu, qui est riche en miséricorde, à cause du grand amour dont il nous a aimés, nous qui étions morts par nos offenses, nous a rendus vivants avec Christ (c'est par grâce que vous êtes sauvés)» *(Éphésiens 2:4,5).* Ce changement du cœur modifie radicalement toute la direction de notre vie, non seulement pour ce jour béni qui nous a conduits à notre Sauveur et nous a valu le salut, mais également tous les jours de notre pèlerinage terrestre.

L'influence de Dieu se fait activement ressentir dans nos facultés. Notre *intelligence* a une perception plus profonde des choses spirituelles grâce à une illumination progressive. Notre *mémoire* est aussi sous une influence purificatrice qui l'empêche de se focaliser sur des choses indignes. Nos *sentiments* se portent sur les choses d'en-haut. Notre *conscience* aussi subit cette influence divine, car elle est éveillée et sensibilisée à la nature et aux voies de Dieu. Étant entre les mains de Dieu, la *volonté* elle-même prend des décisions réfléchies et spirituelles dans tous les domaines de la vie, aussi bien pour les grandes choses que les petits détails. Il n'est donc pas étonnant que ce changement important que Dieu opère dans notre vie puisse occuper tout notre être et tout notre temps.

Nous sommes maintenant mieux en mesure d'apprécier à sa juste valeur la description de Romains 6:6 : «... sachant que notre vieil homme a été crucifié avec lui, afin que le corps du péché soit réduit à l'impuissance, pour que nous ne soyons plus esclaves du péché.» Ce passage montre que le siège de l'autorité, le centre de l'âme, a subi une profonde transformation qui nous permet d'affirmer que notre vieille nature a été crucifiée avec Christ et que nous sommes devenus un être nouveau. Ce changement du cœur ne signifie pas la perte de notre identité personnelle, mais un changement de dispositions au profit de penchants saints et inclinés vers Dieu.

Même si aucune illustration ne peut pleinement rendre compte de l'impact du changement qui est la clé de l'œuvre continue de la sanctification, imaginons cependant une école qui se trouve dans une très mauvaise condition. Le directeur représente le cœur ou l'esprit de l'âme dont les principales facultés correspondraient à cinq classes différentes.

Dans notre exemple, le directeur ne manifeste aucun intérêt à ses devoirs et reste assis à son bureau sur lequel s'empilent des lettres et des papiers en attente de réponses. Il n'est pas surprenant que le chaos règne parmi les élèves privés de directives cohérentes et saines.

Un jour, le recteur rend visite à cet établissement scolaire et consacre une partie de son temps à discuter avec le directeur. Dès le lendemain, on note une différence sensible dans l'aspect et l'attitude de ce dernier. Les élèves et les autres enseignants ont même de la peine à reconnaître l'ancien directeur dans cet homme désormais tiré à quatre épingles, au point que certains déclarent même qu'il s'agit d'un nouvel homme.

Il convoque aussitôt les cinq enseignants de son école. Ceux-ci arrivent en retard, manifestement réticents à coopérer avec le directeur qui les informe du changement intervenu dans sa vision des choses et de sa volonté de voir les nouvelles instructions communiquées par le recteur suivies à la lettre. Les professeurs sourient en se disant probablement que ce n'est qu'un feu de paille et que les désirs de réforme du directeur seront sans lendemain. De toute façon, ils sont prêts à soulever des objections. Bien que par le ton employé le directeur ait clairement laissé entendre que ses décisions sont irrévocables, les enseignants sont néanmoins invités à formuler leurs remarques.

Monsieur Intelligence, professeur de la classe des grands, prend la parole et déclare qu'il est partisan d'une totale liberté de pensée et demande par conséquent le droit de penser et d'agir comme il l'entend. Le directeur lui réplique qu'en agissant ainsi, il ne fait que favoriser le chaos, et lui recommande un nouveau principe : «Nous renversons les raisonnements et toute hauteur qui s'élève contre la connaissance de Dieu, et nous amenons toute pensée captive à l'obéissance de Christ» *(2 Corinthiens 10:5)*.

Monsieur Mémoire est le suivant à intervenir. Il est très ennuyé par ses activités passées, mais affirme ne pas voir comment les remplacer par un enseignement clair et ordonné. Le directeur lui répond calmement : «Attachez-vous aux choses d'en-haut, et non à celles qui sont sur la terre» *(Colossiens 3:2)*.

A cette réplique, le visage de Monsieur Affection se décompose. Ce professeur indique ne pas croire possible de réorienter les affections, et encore moins les passions, des choses indignes pour les reporter sur des sujets de valeur éternelle.

Monsieur Conscience, qui rêvait déjà de l'approche de la retraite, semble alors se réveiller, piqué à vif par quelque remords lorsque le directeur dit : «Approchons-nous donc avec un cœur sincère, dans la plénitude de la foi, les cœurs purifiés d'une mauvaise conscience, et le corps lavé d'une eau pure» *(Hébreux 10:22)*.

Enfin, Monsieur Volonté expose son point de vue et cherche à justifier ses décisions égoïstes passées. Arrivé au bout de sa plaidoirie, il cède la parole au directeur qui rétorque : «C'est pourquoi ne soyez pas inconsidérés, mais comprenez quelle est la volonté du Seigneur» *(Éphésiens 5:17)*.

Toute l'équipe enseignante finit par reconnaître que le nouveau système proposé est juste et bon, mais comment le faire accepter par les élèves ? L'école a vécu dans un tel délabrement moral et pédagogique pendant si longtemps ! Le directeur donne l'assurance à chaque professeur qu'il leur accordera toute son attention et que chaque enseignant pourra toujours venir le trouver à son bureau pour y recevoir encouragement et soutien.

C'est une pâle illustration de la réalité spirituelle, mais elle montre quels sont les domaines où nous devons nous soumettre à l'autorité de Dieu et de sa Parole pour leur obéir. Dieu correspond au recteur de notre image qui cependant reste très superficielle, car il y a beaucoup de choses à changer en profondeur. Il faut ôter des obstacles, désapprendre des mauvaises habitudes et rejeter des erreurs avant d'entreprendre un travail constructif. Mais en fin de compte, une nouvelle école résultera de ce changement. De même, spirituellement parlant, l'œuvre que Dieu a entreprise parviendra jusqu'à son terme : «Je suis persuadé que celui qui a commencé en vous cette bonne œuvre la rendra parfaite pour le jour de Jésus-Christ» *(Philippiens 1:6).*

Au fur et à mesure que cette œuvre sublime et progressive de la sanctification se poursuit, le chrétien prend conscience de l'activité de Dieu dans sa vie, surtout aux moments où il l'a gardé ou préservé de façon remarquable. La plupart du temps cependant, Dieu intervient sans que le chrétien ait pleinement conscience que la grâce divine est à l'œuvre en le protégeant et en le préservant. Et pourtant, que nous le sachions ou non, Dieu est présent dans n'importe quelle situation ; comme son œuvre nous met totalement à contribution, elle fait appel à notre détermination et à nos efforts soutenus.

Les versets de Philippiens 2:12,13 que nous avons cités plus haut sont la clé pour bien comprendre le merveilleux équilibre dans l'œuvre de la grâce. L'apôtre nous encourage à mettre en œuvre notre salut, tout en nous rappelant que c'est Dieu qui agit en nous en créant à la fois le vouloir et le faire, conformément à son bon plaisir. Cette affirmation est particulièrement utile. Il n'est pas difficile de comprendre que les deux propositions, qui semblent s'opposer selon notre intelligence limitée, sont cependant vraies. Il vaut la peine de nous arrêter et de réfléchir à cette vérité avec toutes ses implications pour nous chrétiens. Nous devons le faire de façon spirituelle et comprendre que la mise en œuvre de notre salut implique toute notre conduite chrétienne, à savoir notre sanctification.

A l'évidence, Paul ne dit pas que je peux faire ce que je crois bon à mes yeux. Le texte exige ma soumission à l'autorité de l'Écriture selon que le Saint-Esprit me dirige. Et je dois le faire très sérieusement car au jour de Christ, je serai tenu responsable de ce que j'aurai fait de la grâce de Dieu dans ma vie.

Pourtant, l'ampleur de la tâche qui consiste à agir comme il faut et à nous comporter de façon digne d'un chrétien dans toutes les circonstances, peut nous écraser. Il est bon alors d'avoir cette assurance, fondée sur la promesse de Dieu, que nous aurons à la fois la volonté et la capacité d'accomplir par sa force ce qui est agréable à ses yeux. Rien ne plaît davantage au Seigneur que de voir ses enfants marcher dans une obéissance, une harmonie et une paix parfaites.

Plusieurs passages de l'Écriture décrivent le progrès spirituel et la croissance dans la grâce. Ils sont là pour aider à nous rendre toujours plus conformes à Christ dans notre vie quotidienne.

Ainsi, dans sa lettre aux Éphésiens, Paul formule deux prières en faveur des chrétiens d'Éphèse *(1:15-23 ; 3:14-21)*. Les deux requêtes sont sublimes et d'une grande utilité. En ce qui concerne la sanctification, la seconde est particulièrement intéressante. Quelqu'un l'a décrite à juste titre comme une «échelle céleste», car cette prière présente la vie chrétienne comme une vie ascendante. C'est comme si l'enfant de Dieu montait sur une échelle pour atteindre les cieux. La prière de Paul nous fait avancer pas à pas dans cette aventure spirituelle de la grâce. L'apôtre prend soin de faire référence à la famille des croyants et d'adresser sa prière au Père céleste. L'échelle est ainsi solidement ancrée sur le terrain de la rédemption. Paul rappelle ensuite que pour faire des progrès dans la vie chrétienne, il est vital que chaque croyant puise dans les ressources illimitées de Dieu. Un cantique l'exprime ainsi :

«Son amour est sans limite, sa grâce sans mesure,
Sa puissance échappe à toute usure ;
De son infinie richesse en Jésus, en tout temps
Il donne, donne et donne encore à ses enfants.»

Dans sa première requête (le premier barreau de l'échelle), Paul demande le revêtement de puissance : «... afin qu'il vous donne, selon la richesse de sa gloire, d'être puissamment fortifiés par son Esprit dans l'homme intérieur» *(v.16)*. Le lieu secret, sanctuaire de l'âme, où Dieu a commencé son œuvre doit être préparé pour ce que Dieu a en vue pour son enfant ; étant donné l'ampleur de ce que Dieu veut donner, ce lieu doit être consolidé.

Le deuxième barreau précise en quoi consiste cette puissance : «En sorte que Christ habite dans vos cœurs par la foi» *(v.17)*. Nous pourrions rétorquer ici que nous sommes déjà en Christ à cause de la relation vitale que nous entretenons avec notre Seigneur et Sauveur.

C'est vrai. Le fait inouï de notre salut est garanti éternellement ; il est inaltérable, étant directement lié à notre nouvelle naissance spirituelle. Mais l'apôtre parle ici de Christ *en* nous. Il envisage le domaine de l'expérience et du vécu quotidien marqué par le vrai désir de voir le Seigneur Jésus vivre et régner dans notre cœur pour le guider. C'est un désir qui doit s'imposer avec une force accrue au fur et à mesure que nous progressons dans les choses de Dieu. Or, pour que cette réalité soit vraie en nous, il ne suffit pas que nous soyons puissamment fortifiés dans le sanctuaire de notre âme ; si nous voulons réellement tirer profit de ce grand privilège, il faut encore extirper les restes du péché tapi dans les recoins de notre être intérieur. C'est l'œuvre de la foi dans le Seigneur.

Le barreau suivant nous fait découvrir une nouvelle dimension de l'amour. Nous avons certes déjà connu l'amour de Christ dans le salut qu'il nous a accordé, mais c'est un domaine qu'il faut explorer sans fin : «... étant enracinés et fondés dans l'amour» *(v.17).* Paul prie pour que chaque chrétien fasse des progrès qualitatifs dans l'amour divin, ce qui l'amènera vers de nouveaux sommets.

Il en résultera une communion des saints ou des croyants plus réelle et plus précise. L'apôtre prie pour cet enracinement dans l'amour afin que nous puissions «comprendre avec tous les saints quelle est la largeur, la longueur, la profondeur et la hauteur, et connaître l'amour de Christ qui surpasse toute connaissance» *(vv.18,19).* Il n'y a pas de contradiction entre le désir de Paul de nous voir comprendre ce qui dépasse toute connaissance, car l'apôtre montre que l'amour par lequel nous sommes attirés est incommensurable. L'amour de Dieu est suffisamment large pour aller jusque dans les coins les plus reculés de la terre ; il est incommensurable dans sa *qualité* comme dans sa quantité, puisque, quelle que soit l'étendue du péché de l'homme, l'amour divin peut rendre pur l'être le plus corrompu. Cet amour est assez haut pour atteindre sa destination dans les sphères de la gloire éternelle.

Un tel amour nous conduira certainement sains et saufs jusqu'à Dieu lui-même. Il n'est pas étonnant que Paul souhaite que nous connaissions entièrement cet amour, ni qu'il le décrive comme surpassant toute connaissance.

A cette hauteur sur l'échelle, nous sommes parvenus à un domaine sensible et émouvant ; c'est comme une nouvelle découverte de la nature des choses. Comment décrire cet amour divin, puisqu'il surpasse toute connaissance et nous plonge dans le cœur et la gloire de Dieu où nous sommes inondés d'émerveillement, d'amour et de louange ? C'est cet amour qui a poussé le Fils de Dieu à descendre sur la terre pour racheter des êtres humains coupables, cet amour que nous sommes invités à contempler dans sa beauté et à toucher du doigt.

L'affirmation suivante nous fait encore monter d'un cran et nous laisse bouche bée. L'apôtre ne souhaite rien d'autre que de nous voir «remplis jusqu'à toute la plénitude de Dieu» *(v.19)* ! Une telle pensée nous fait trembler d'effroi. Comment de simples mortels peuvent-ils être remplis d'une telle plénitude ? Nous ne pouvons évidemment pas contenir Dieu ni aucun des attributs et qualités qui lui appartiennent en propre. Mais Dieu possède également des attributs qu'il peut nous communiquer et qui peuvent nous concerner. Même s'ils sont en lui à la perfection, nous pouvons en quelque sorte en toucher la bordure. Voici comme le pasteur Charles Siméon décrit ces qualités :

> «La prière de l'apôtre s'élève régulièrement pour atteindre un niveau expérimental que nous aurions condamné comme un blasphème, s'il n'avait pas été dicté par l'inspiration divine. Il y a dans la divinité une plénitude essentielle qui est incommunicable aux créatures. Mais il existe cependant une plénitude que Dieu veut et peut communiquer. Il y a en lui toutes les perfections de sagesse, de bonté, de justice, de miséricorde, de patience, d'amour, de vérité, d'abondance dont il veut combler ses enfants à la mesure de leur capacité, afin qu'ils soient saints comme il est saint et parfaits comme leur Père céleste est parfait. Comment y parvenir ? La repentance accomplira-t-elle cette œuvre ? Non. Est-ce alors le rôle de la mortification ? Non. La seule chose qui puisse agir dans ce sens est une découverte plus grande de l'amour de Christ. C'est pourquoi l'apôtre demande l'une pour avoir l'autre. Quel dommage que les chrétiens vivent généralement en-dessous des privilèges qui leur sont accessibles !»

Paul conclut sa prière par des paroles de réconfort. Si sa requête s'était terminée sur l'idée de la plénitude de Dieu, nous aurions pu être découragés. Comment escalader une telle échelle ? Comment atteindre des hauteurs aussi vertigineuses ? Si nous n'avions pas la suite, nous défaillirions : «Or, à celui qui peut faire, par la puissance qui agit en nous, infiniment au-delà de tout ce que nous demandons ou pensons… » *(v.20)*

L'apôtre rappelle ainsi qu'il existe une puissance divine à l'œuvre en nous. Elle inspire notre désir et nous rend capables d'accomplir la volonté de Dieu d'une manière qui transcende notre requête. Pensons-y. La grâce abondante de Dieu se déverse sur nous et en nous, elle demeure patiemment avec nous et purifie notre cœur et notre vie. Dieu envisage de faire de nous des hommes et des femmes porteurs de la grâce. Mais l'ascension de l'échelle est raide. Cette œuvre de la grâce exige notre franche coopération.

Nous devons parfois marquer une pause et examiner sérieusement ce qui nous tient le plus à cœur. Au-dessus des petits caprices et des désirs insignifiants, il y a un appétit immense, une grande faim et une grande soif de justice, un soupir après Dieu lui-même.

«C'est mon joyeux service d'offrir à Jésus-Christ,
En vivant sacrifice, mon corps et mon esprit.

«J'abandonne ma vie, sans regret ni frayeur,
A ta grâce infinie, ô mon Libérateur !

«Qu'un feu nouveau s'allume par ton amour en moi,
Et dans mon cœur consume ce qui n'est pas à toi !

«Viens, Jésus ! sois mon Maître ; par ton sang racheté,
A toi seul je veux être; et pour l'éternité.

«Accepte mon offrande, Bien-aimé Fils de Dieu !
Et que sur moi descende la flamme du saint lieu !»

3

La providence

«Mais le Seigneur pense à moi.» (Psaume 40:18)

L'enseignement concernant la providence de Dieu est l'une des merveilleuses facettes de la doctrine chrétienne. Cela signifie que Dieu n'est pas seulement le grand architecte du salut de ses enfants, mais qu'il prend également soin d'eux alors qu'ils mènent leur vie chrétienne dans les circonstances les plus diverses de leur pèlerinage terrestre. L'Écriture contient de nombreux textes qui nous rassurent quant à la bonté, la bienveillance, l'amour et la compassion de Dieu. Elle déclare également que ses bras éternels nous portent. Elle nous encourage à nous décharger sur lui de tous nos soucis, car lui-même prend soin de nous *(1 Pierre 5:7)*. C'est vrai parce que nous sommes engagés dans une relation dont le Seigneur assume fidèlement sa part. S'il est au courant de la chute du moindre moineau, et sait quel est le nombre de nos cheveux, il ne nous est pas difficile de croire qu'il est parfaitement informé de l'angoisse la plus infime qui parfois nous étreint. Or, il ne veut pas que nous nous inquiétions pour quoi que ce soit. Quel profond réconfort de savoir que notre vie n'est pas un amalgame aléatoire d'événements, mais que Dieu contrôle tout, qu'il accomplit infailliblement son plan et poursuit ses objectifs. Nous sommes sous sa garde.

Dans son commentaire du verset où Pierre parle d'un «héritage qui ne peut ni se corrompre, ni se souiller, ni se flétrir… réservé dans les cieux», un pasteur d'autrefois ajoute que les saints sont eux-mêmes préservés pour une place qui leur est réservée.

Il vaut la peine de considérer une description plus complète de la providence divine. Le théologien Louis Berkhof la décrit ainsi :

> «On peut définir la providence comme l'exercice continu de l'énergie divine par laquelle le Créateur préserve toutes ses créatures, opère dans tout ce qui se passe dans le monde et oriente toutes choses vers la fin qu'il leur a fixée.»

Cette affirmation comporte trois éléments distincts : la préservation, la coopération et le gouvernement. Cette définition pourrait sembler un peu théorique et éloignée de nos préoccupations, mais à y regarder de plus près, elle décrit bien l'activité énergétique de Dieu aux côtés de son peuple.

Cette certitude devrait nous encourager en tous temps, même lorsque tout semble aller de travers et que personne ne paraît s'en soucier. Souvenons-nous alors de Dieu et pensons à l'intérêt particulier qu'il porte à chacun de ses élus. Quelque difficile que soit le chemin, Dieu est là.

> *«J'ignore ce qui demain m'arrivera,*
> *Et comment mes besoins seront comblés ;*
> *Mais Jésus le sait, et il pourvoira.»*

Dieu est souverain, d'où il s'ensuit que rien n'est en dehors de sa juridiction et n'échappe à ses soins vigilants surtout en faveur de ceux qui ont cru en son Fils Jésus-Christ. La puissance derrière cette œuvre de préservation et de soutien de la part de Dieu est sans limite et ne peut être contrecarrée. C'est le droit divin.

Notre réponse à la volonté de Dieu doit être réelle. Il nous appelle à coopérer dans tous les domaines spirituels et à mener une vie chrétienne authentique et cohérente. Mais derrière ce style de vie il y a la main ferme de Dieu qui nous rappelle que c'est lui qui gouverne. En effet, c'est en totale dépendance de Dieu que nous avons la vie, le mouvement et l'être. La vie chrétienne est une vie dans laquelle Dieu s'implique entièrement à nos côtés et où nous nous impliquons entièrement aux siens. Nous lui appartenons car nous sommes sa propriété dans un sens très particulier.

Vérité et expérience de la providence divine

Dans ses épîtres, Paul insiste parfois sur un point particulier en déclarant «nous savons», ce qui signifie que l'affirmation est absolument certaine et spirituellement digne de foi. Ainsi, le chapitre huit de l'épître aux Romains contient certaines vérités profondément émouvantes. Les premiers mots de ce chapitre balaient tous les doutes qu'aurait pu nourrir le lecteur quant aux bénéficiaires des promesses : «Il n'y a donc maintenant aucune condamnation pour ceux qui sont en Jésus-Christ» *(v.1)*. Suit alors une série de vérités précieuses qui culmine avec la déclaration que le croyant est une personne à jamais assurée de l'amour de Dieu en Jésus-Christ. Avant cette affirmation sublime, il y a cependant une autre promesse fondamentale : «Nous savons, du reste, que toutes choses concourent au bien de ceux qui aiment Dieu, de ceux qui sont appelés selon son dessein» *(v.28)*.

Lorsque nous jetons un regard sur notre vie passée, que de souvenirs nous reviennent en mémoire ! Nous avons tous notre lot de souvenirs tristes, de moments pénibles marqués peut-être par la disparition d'un être cher, de déceptions causées par des amis, d'injustices commises à notre encontre lorsqu'une personne moins qualifiée que nous a été préférée pour occuper un poste plus élevé ou même pour assumer des fonctions dans l'église. Nous avons aussi des souvenirs lumineux liés à notre famille et à nos bien-aimés, et aux nombreux sujets de reconnaissance et de bonté.

Mais nous avons tous également de nombreux manquements à notre actif. Nous avons abandonné le Seigneur, nous avons connu la lassitude et le désespoir. Satan a profité de ces périodes de négligence et de relâchement spirituel pour remuer le couteau dans la plaie. Pourtant, notre position en Christ n'a pas été altérée.

«Lorsque Satan me pousse à désespérer,
Et me rappelle mes nombreux forfaits,
Je lève les yeux vers le ciel et j'y vois
Celui qui a porté mes péchés sur la croix.»

N'oublions jamais ces temps de grande tentation, où nous avons puisé toute notre force en Dieu et avons été capables de résister et de triompher d'une mauvaise attitude ou d'un péché tenace. Notre joie était alors complète. Gardons en mémoire le souvenir de ces merveilleuses victoires spirituelles.

En outre, nos souvenirs sont généralement liés aux circonstances diverses que nous avons traversées. Certains ont dû lutter contre le manque de moyens, voire même la pauvreté, tandis que d'autres faisaient face à la nécessité de bien gérer leurs richesses, sachant qu'ils en étaient responsables devant Dieu. Il y a ceux qui ont eu à s'occuper d'un enfant malade ou d'un parent âgé, ce qui les a obligés à renoncer à leur propre vie dans une grande mesure. Certaines personnes semblent avoir toujours joui d'une bonne santé et d'un corps robuste. Qu'elles soient reconnaissantes au Seigneur pour tant de bontés de sa part ! Inversement, d'autres ont été victimes d'infirmités physiques ou n'ont jamais réussi à sortir d'un état maladif. Combien il est important alors d'être animé de cette disposition spirituelle qu'une reine païenne avait remarqué chez Daniel *(5:12)* ! Nous pourrions continuer ainsi. Notre vie est remplie de hauts et de bas, de moments de joie et d'autres de tristesse, de jours heureux et de temps de désespoir. Dans un monde où les empires déclinent et disparaissent et où les gens tremblent de peur, nous ne pouvons jamais être sûrs de rien. Si, il y a une chose dont nous avons l'assurance ! Dieu est toujours là : «Dieu lui-même a dit : Je ne te délaisserai point, je ne t'abandonnerai point» *(Hébreux 13:5)*.

Notre verset clé *(Romains 8:28)* indique que «toutes choses» concourent à notre bien. Nous serions plutôt enclins à penser que certaines choses apparaissent bénéfiques et que quelques expériences dans le lot ont été pour notre bien. Mais Dieu n'en démord pas : pour lui «toutes choses» entrent en ligne de compte. Paul, conduit par le Saint-Esprit, déclare qu'il le *sait* fort bien.

Un ancien prédicateur gallois a merveilleusement illustré cette vérité. En décrivant les côtes orientale et occidentale de l'Amérique du sud, il a fait remarquer que l'océan qui borde la côte ouest réputé paisible est appelé «océan Pacifique». Pourtant, cette côte est parsemée de rochers pointus et aux arêtes vives au point qu'il est pratiquement impossible de marcher dessus. En revanche, les rochers de la côte est sont arrondis et lisses car leurs arêtes vives ont été érodées par la furie des tempêtes de l'océan Atlantique.

J'ignore dans quelle mesure ces dires sont exacts, mais Dieu a des moyens bien à lui pour ôter notre esprit critique, adoucir notre langue acerbe, supprimer notre amertume contre quelqu'un, et pour nous raffiner par sa grâce. Le Seigneur agit toujours en faveur de son peuple et ne permet pas que quoi que ce soit se perde, même s'il s'agit d'une leçon rébarbative. Pierre écrit les paroles suivantes aux chrétiens disséminés et persécutés pour leur foi sous le règne du cruel empereur romain Néron :

> «A vous qui, par la puissance de Dieu, êtes gardés par la foi pour le salut prêt à être révélé dans les derniers temps ! C'est là ce qui fait votre joie, quoique maintenant, puisqu'il le faut, vous soyez attristés pour un peu de temps par diverses épreuves, afin que l'épreuve de votre foi, plus précieuse que l'or périssable (qui cependant est éprouvé par le feu), ait pour résultat la louange, la gloire et l'honneur, lorsque Jésus-Christ apparaîtra» *(1 Pierre 1:5-7)*.

Quelle que soit la situation dans laquelle se trouve le chrétien, Paul déclare que «toutes choses concourent pour [son] bien». C'est une nouvelle surprenante. Supposons que nous nous trouvions au creux de la vague, dans l'abattement le plus total et que nous prenions brusquement conscience de la présence de Dieu. Ses promesses de grâce inondent notre âme, nous savons qu'il prend soin de nous et que nous ne sommes pas livrés à nous-mêmes. Il se tient à mes côtés, il me prend la main avec douceur, tendresse et fermeté, il m'aide à me relever et à comprendre que, par des voies mystérieuses, ma situation présente est pour mon bien. Aujourd'hui, je ne vois que l'envers du décor, mais un jour, en regardant en arrière depuis les collines de la Sion céleste, je verrai tout le panorama et je comprendrai la raison d'être de ce qui en ce moment m'apparaît incohérent et inexplicable dans mon pèlerinage terrestre. Pour l'instant, Dieu m'encourage à lui faire confiance.

«Jamais Dieu ne délaisse qui se confie en Lui ;
Si le monde m'oppresse Jésus est mon appui.
Ce Dieu tendre et fidèle garde en sa paix les siens
Pour la vie éternelle, et les comble de biens.

«Je veux, sachant qu'il m'aime, me remettre à ses soins ;
Beaucoup mieux que moi-même il connaît mes besoins.
Ce Dieu plein de tendresse, confondrait-il ma foi ?
Non ! plus le mal me presse plus il est près de moi.

«Seigneur, par l'efficace du sang versé pour moi,
Accorde-moi la grâce de vivre tout pour toi !
C'est la vie éternelle déjà dès ici-bas,
Jusqu'au jour qui m'appelle à passer dans tes bras.»

En vertu de sa providence, Dieu prend toutes choses en mains et les fait concourir à notre bien éternel. Il prépare inlassablement ce temps où nous marcherons avec lui dans une communion ininterrompue de sainteté et d'amour. Souvenons-nous toujours que nous sommes son ouvrage, une pensée qui nous pousse à nous abandonner joyeusement à lui. Dieu est bon ; ses projets pour ses enfants le sont aussi. De plus, lui seul peut entreprendre et mener à bonne fin une telle œuvre :

«Je suis persuadé que celui qui a commencé en vous cette bonne œuvre la rendra parfaite pour le jour de Jésus-Christ» *(Philippiens 1:6)*. Ayons l'assurance que le Seigneur ne renoncera pas et ne se lassera pas de la tâche qu'il a entreprise en nous. Il la conduira jusqu'à son terme.

Qui sont ces privilégiés en qui le Seigneur accomplira une telle œuvre de grâce ? Le même verset de l'épître aux Romains donne un aperçu d'une réalité spirituelle merveilleusement équilibrée : «Ceux qui sont appelés selon son dessein.» Un chrétien est capable de dire qu'il aime Dieu, surtout quand il découvre l'amour initial qui a poussé Jésus-Christ à venir dans ce monde afin d'y mourir pour nos péchés et accomplir la Loi de Dieu à notre place. Nous avons toutes les raisons d'aimer Dieu d'un amour vrai et spontané car il est tout pour nous. De nombreux auteurs ont exprimé par leurs chants et leurs poèmes cet amour extraordinaire du Seigneur.

«Doux nom qui tarit nos pleurs
Ineffable et céleste harmonie
Tu répands la joie et la vie
Et la paix dans nos cœurs.»

Nous mesurons que notre amour est la réponse que nous apportons à son amour, mais il s'agit bien de *notre* amour. L'amour de Dieu répandu dans notre cœur produit une vie radieuse et joyeuse. Si nous aimons Dieu, nous avons confiance en lui et nous savons comme Paul que le Seigneur n'a que des projets bienveillants pour nous.

Le verset en question explique également la *nature* de cet amour et sa source. De notre part, l'amour que nous portons à Dieu exprime le mouvement authentique de notre cœur, mais l'autre face de la pièce rappelle que nous sommes le résultat de l'appel que Dieu nous a adressé. Les bénéficiaires de la providence ne sont pas ceux qui aiment Dieu seulement, mais ceux qui ont également été appelés par lui. C'est une référence à l'appel adressé à notre âme éveillée pour qu'elle place sa foi en notre Seigneur et Sauveur Jésus-Christ. Cet appel direct et spécial invite à répondre l'être humain qui vit entouré par la pire incrédulité. Il peut le faire parce que l'œuvre secrète par laquelle le Saint-Esprit a ranimé son âme a déjà eu lieu.

La dernière partie du verset : «ceux qui sont appelés selon son dessein» est très riche de sens. Dieu a accompli tout ce qui précède dans ce verset parce que cela fait partie de son plan et de son dessein. Sa main se profile derrière tout cela. Il ne s'agit pas d'un ajout tardif ni d'un rafistolage, mais de l'œuvre permanente et délibérée de Dieu en nous. Comment notre cœur ne bondirait-il pas de joie en découvrant que Dieu a la volonté arrêtée d'accomplir en nous une œuvre qui manifeste sa bonté et serve notre intérêt éternel ?

Ceci étant, n'oublions cependant pas que nous connaîtrons dans la vie de nombreuses situations de découragement. Satan est rusé et il s'efforce par différents moyens de nous faire tomber, en nous séduisant par son apparence d'ange de lumière ou de ministre de la justice, en nous effrayant par son rugissement de lion cherchant qui dévorer. La convoitise des choses anciennes réside également encore en nous, une convoitise qui refuse de mourir et nous incite souvent à reprendre des habitudes et des attitudes anciennes. Ne négligeons pas non plus la pression qu'exercent sur nous nos semblables qui ne s'intéressent pas du tout à la piété et misent tout sur les possessions matérielles et l'importance de soi. L'influence de ces connaissances peut aisément nous faire dévier du chemin de l'obéissance et nous placer sous la tyrannie des choses de la terre et des ambitions de la chair. Comment en être préservés et quelles promesses Dieu nous a-t-il laissées dans ce monde ?

Voici la réponse : ne perdons jamais de vue l'étendue de la souveraineté de Dieu ; en vertu de celle-ci, le Seigneur ne contrôle pas seulement l'univers et au-delà, mais il se soucie également de chacun de ses enfants. Il entretient une relation personnelle avec le plus faible d'entre eux. N'oublions jamais notre position de nouvelles créations en Christ ; à ce titre, nous sommes son ouvrage et chaque âme lui tient fortement à cœur. Nous avons de la valeur à ses yeux puisqu'il prend soin de nous.

Ne vous inquiétez de rien

Nous aurons beau connaître ces grandes vérités relatives aux soins providentiels de Dieu, et les apprécier, des moments viendront néanmoins où les difficultés de la vie sembleront nous engloutir. Les circonstances seront contraires et les événements hostiles, des difficultés surgiront qui donneront l'impression de ne jamais vouloir disparaître, et qui nous plaqueront au sol. Nous ignorerons souvent leur nature exacte, mais nous nous sentirons comme des pèlerins las et faibles qui ont été durement frappés en chemin. Rien que l'expérience de la solitude, sans qu'aucun problème particulier se greffe dessus, suffit parfois à nous abattre, surtout si autour de nous les autres ont le bonheur d'être entourés d'une famille et d'amis. Quelle qu'en soit la cause, il existe effectivement une condition que l'on peut décrire comme étant «inquiète et agitée pour beaucoup de choses» et il est possible de s'en sentir coupable parce que nous savons que nous ne devrions pas être ainsi.

Nous pouvons connaître la réponse à nos difficultés et cependant ne pas être capables de nous approprier la grâce et l'aide que le Seigneur est disposé à nous accorder, et même de ne pas penser à le faire. A ces moments, il est bon de lire une portion adéquate de l'Écriture contenant une promesse de Dieu et de nous y accrocher. Le Seigneur nous encourage à demander et à chercher, mais c'est toujours lui qui donne la grâce de le faire. Aux chrétiens généreux de l'église de Philippes, l'apôtre Paul écrit :

> «Ne vous inquiétez de rien ; mais en toute chose faites connaître vos besoins à Dieu par des prières et des supplications, avec des actions de grâces. Et la paix de Dieu, qui surpasse toute intelligence, gardera vos cœurs et vos pensées en Jésus-Christ» *(Philippiens 4:6,7).*

Les instructions sont claires. Il nous est dit de ne pas nous inquiéter ou de ne pas nous faire de souci à propos de quoi que ce soit. Combien il est facile d'ajouter des clauses restrictives à cette exhortation, et de nous soucier d'une chose précise, ce qui rend aussitôt caduque le réconfort attaché à cette parole ! «Rien», c'est vraiment rien ! Ce peut être le commencement d'une prise de conscience, celle que nous venons à lui *sans rien*. Permettez-moi d'illustrer mon propos.

Quand j'étais enfant, il me fallut longtemps pour percer le mystère des mathématiques. Un jour, toute la classe dut subir un contrôle des connaissances dans ce domaine. L'instituteur nous proposa quatre problèmes à résoudre, puis nous demanda d'échanger notre copie avec notre voisin de table. Au fur et à mesure que l'instituteur donnait les bonnes réponses, nous devions cocher le résultat trouvé par l'élève. J'échangeai ma copie avec celle d'un jeune garçon que j'avais toujours considéré comme mon ami. Il avait une réponse correcte sur les quatre, ce qui lui valut la note de cinq sur vingt. Pour ma part, je n'avais aucune réponse juste, ce qui justifia le zéro sur ma copie. J'acceptai humblement cette note qui reflétait la réalité de mes connaissances en mathématiques.

On nous apprit ensuite à exprimer le résultat sous forme de pourcentage ce qui me plongea dans la plus extrême confusion. Les cinq points de mon camarade se transformèrent en vingt-cinq pour cent. J'eus l'impression qu'on lui avait fait cadeau de vingt points qui venaient s'ajouter à ses cinq points initiaux. Mais à ma grande consternation, mon zéro demeura zéro ! Je trouvai cela profondément injuste. Je protestai auprès de l'instituteur et défendis mon point de vue. Il se contenta de répondre que compte tenu de mon raisonnement, il comprenait pourquoi j'avais eu un zéro !

Je requis alors la permission de faire appel au directeur de l'établissement, ce que l'instituteur accepta. Le directeur me demanda ce que j'avais en main, et je répondis : «un zéro». Il répéta quatre fois la même question et s'enquit du total que j'avais dans les mains. Il s'attendait certainement à ce que je réponde «zéro», mais je précisai «quatre zéros». Plus tard seulement je compris que «rien», c'est vraiment rien. Aucun calcul mathématique ne peut transformer le zéro en une autre valeur.

Dieu nous exhorte, en tant que chrétiens, à ne pas nous inquiéter. Pourtant, d'une manière ou d'une autre, nous faisons des entorses à ce principe et poursuivons notre petit bonhomme de chemin dans l'anxiété.

La paix de Dieu

La suite de l'exhortation de Paul aux Philippiens reprend l'idée et la complète : «Mais en toute chose faites connaître vos besoins à Dieu par des prières et des supplications, avec des actions de grâces.» L'apôtre nous encourage à nous approcher du Seigneur dans la prière et à tout lui confier, les grandes préoccupations comme les petits soucis.

«Souvent la paix divine nous fait défaut
Et nous nous chargeons de vains fardeaux
Car nous négligeons le conseil du Père
De lui confier toutes choses dans la prière.»

Approchons-nous de Dieu avec un cœur reconnaissant et rempli du souvenir des bontés passées, et exposons-lui nos requêtes. Nous les connaissons, Dieu aussi, mais il nous est malgré tout demandé de les lui faire connaître. Comment y répond-il ?

Nous ne nous en rendons pas souvent compte, mais ce qui nous est le plus nécessaire, c'est la *paix de Dieu*. Tout comme le Seigneur calma le vent impétueux et apaisa la mer agitée, il apporte la paix dans l'esprit angoissé et dans le cœur tourmenté. Ces bienfaits nous sont communiqués par le Seigneur Jésus-Christ. La paix du cœur et celle de l'esprit sont des denrées rares, et par conséquent des biens d'autant plus précieux. Même si nos circonstances n'ont pas nécessairement changé, en revanche, nous, nous avons changé. Un peu plus loin, au onzième verset de ce même chapitre, Paul déclare qu'il a appris que le contentement chrétien était disponible dans toutes les situations qu'il rencontrait. Apprenons à nous abandonner à la généreuse providence divine.

Notre Dieu est ainsi. Il poursuit son plan à travers vents et marées, tout en prenant tendrement soin de ses enfants. Il sait exactement ce que nous sommes en mesure de supporter. Il prend très au sérieux la préservation de son peuple, car il est décidé à le conduire sain et sauf à bon port.

«Seigneur, grand Dieu ! Ton pouvoir est immense.
Tu dis : du néant surgit l'univers.
Rien ne subsiste que par ta puissance,
Soleils de flamme ou limites des mers.

Le firmament et ses millions d'étoiles,
Tout t'obéit au plus profond des cieux.
Mon cœur s'émeut lorsque tu lui dévoiles
Ta majesté, ton pouvoir glorieux.

«Seigneur, grand Dieu ! Profonde est ta sagesse
Qui se révèle dans ta création.
Tu fis de nous, malgré notre faiblesse,
Par ton Esprit tes enfants d'adoption.
Le mont superbe et le roseau qui plie
Font éclater ta gloire, ô Dieu des cieux !
Plein de respect, mon cœur ému te prie,
Et je bénis ton savoir merveilleux.

«Seigneur, grand Dieu ! Ton amour est sublime !
Ton Fils vint ici-bas le révéler.
Tu n'éteins pas le lumignon infime
Qui fume encore et ne peut plus brûler.
J'étais lié par une chaîne infâme,
Tu la brisas, sur la croix, bon Sauveur !
Pleurant d'amour, j'adore et je proclame
Ton sacrifice immense ô Rédempteur !»

4

La communion avec Dieu

«Deux hommes marchent-ils ensemble sans s'être concertés ?»
(Amos 3:3)

Dans sa première épître, Jean décrit d'une manière particulière la relation spirituelle entre les chrétiens et Dieu. Il dépeint ce dernier comme la lumière pour accentuer la perfection de sa sainteté, la pureté immaculée et l'intégrité totale de son être et de sa nature. Quiconque professe vivre en communion avec Dieu tout en continuant de vivre et de demeurer dans le péché sans en éprouver la moindre honte ni le moindre remords se séduit lui-même. L'apôtre écrit : «Si nous disons que nous sommes en communion avec lui, et que nous marchions dans les ténèbres, nous mentons, et nous ne pratiquons pas la vérité»

(1 Jean 1:6). Une vie pareille va à l'encontre de la vérité de l'Évangile et de tout le concept de salut divin.

Quant à ceux qui marchent avec le Seigneur par la foi et en toute honnêteté d'esprit, ils ne sont pas seulement en communion avec les autres chrétiens, mais également et surtout avec leur Seigneur. Ils n'ont pas à se laisser assaillir par des doutes où à pratiquer une introspection sans fin, il leur suffit de vivre simplement et ouvertement avec Dieu. Le chrétien pèche encore, mais ce n'est pas la même chose que de marcher dans les ténèbres.

Lorsque nous avons dans le cœur l'assurance d'être enfants de Dieu, nous prenons conscience qu'il y a encore beaucoup de choses à découvrir dans notre relation avec Dieu. Il est indispensable que nous possédions une solide connaissance des vérités fondamentales de l'Évangile concernant le Seigneur et Sauveur Jésus-Christ. A cela s'ajoute l'œuvre intérieure du Saint-Esprit qui rend témoignage que nous sommes vraiment nés de Dieu. Toutefois, pour tirer le profit maximum de cette glorieuse relation, nous avons besoin d'expérimenter la réalité vivante de la présence divine et de persévérer dans notre marche quotidienne avec Dieu. C'est ce que certains ont appelé «la pratique de la présence de Dieu». Ce titre à lui seul suggère une participation active de notre part.

Nous connaissons certainement tous des hommes et des femmes de grande piété dont la vie nous impressionne par le reflet divin qui s'en dégage. Cela ne signifie pas qu'ils arborent un sourire béat perpétuel ou que leur regard pétille constamment d'un éclat céleste, ce qui, soit dit en passant, aurait plutôt tendance à me troubler et à m'embarrasser. C'est davantage l'impact laissé par l'honnêteté spirituelle de ces gens qui nous convainc de la réalité spirituelle dans leur vie quotidienne de chrétiens, une réalité après laquelle nous soupirons tous.

D'où les questions : «Comment l'acquérir ? Y a-t-il un secret à percer ? Devons-nous être naturellement spirituels ?» Évidemment pas, puisque par nature nous ne sommes pas spirituels et que personne n'a de supériorité sur les autres dans ce domaine. Si c'était le cas, le résultat dépendrait de notre personnalité individuelle, ce qui serait traumatisant pour ceux qui s'efforcent de tout leur cœur de mener, par la grâce de Dieu, une vie qui lui soit agréable, le glorifie et trouve son bonheur en lui. Partons de là où nous nous trouvons. Commençons par Dieu.

Il existe dans ce domaine de notre vie spirituelle des directives très précises, à commencer par le thème important de la *communication avec Dieu.*

Une compagnie de téléphone étrangère a récemment lancé une publicité qui s'articulait autour de l'accroche : «Restez en ligne !» C'est évidemment dans l'intérêt de la compagnie, mais ce slogan exprime une vérité applicable au chrétien. En temps de guerre, lorsque l'ennemi intercepte un message émis par les soldats du front qui se battent pour conserver la maîtrise d'une position stratégique, cela tourne généralement au désastre pour les défenseurs du poste avancé. Lorsque la ligne qui relie le chrétien à Dieu reste silencieuse et que Dieu n'a aucune nouvelle de ses enfants, c'est un signe qui ne trompe pas : leur cœur est froid, leur existence se déroule sans tenir compte de ses directives et leur amour pour Christ s'est singulièrement refroidi.

Voilà pourquoi nous devons avoir notre pain spirituel quotidien que nous récoltons lorsque nous mettons un temps à part pour lire la Bible et prier. Le temps que le chrétien passe avec Dieu lui est précieux et bienfaisant, car il sait que le Père est là et l'attend. Nous nous présentons devant le trône de la grâce avec notre reconnaissance et nos requêtes, «afin d'obtenir miséricorde et de trouver grâce, pour être secourus dans nos besoins» *(Hébreux 4:16).* C'est notre ligne privée avec le Seigneur. Peut-être n'avons-nous pas l'occasion ni la hardiesse de prier publiquement au sein de l'église, mais nous pouvons et devons venir à Dieu et goûter chaque jour de la douce communion privée avec lui.

Dans un certain sens, la lecture de la Bible est informative, c'est-à-dire qu'elle nous donne des informations utiles. C'est ce qui se produit lorsque nous lisons l'histoire des enfants d'Israël dans l'Ancien Testament, ou les récits de la vie de Jésus dans les évangiles. Ne négligeons cependant pas l'aspect de piété de notre lecture biblique, lorsque le Seigneur nous parle avec clarté par le texte lu. A certains moments Dieu nous reprend par sa Parole, à d'autres il nous encourage, mais c'est toujours pour notre bien.

Veillons particulièrement à ces moments précieux, car notre temps se caractérise par un activisme qui pourrait aisément nous pousser à ne consacrer à cet exercice qu'une maigre part de notre temps et parfois même à le supprimer complètement. Combien il nous est facile de nous persuader nous-mêmes que nous sommes occupés à faire le bien. Mais à la fin de la journée, force nous est d'admettre que nous n'avons eu que très peu de contact avec Dieu.

Je me rappelle une histoire concernant un père et sa petite fille. Le papa était toujours aux anges lorsque sa fillette l'embrassait tendrement en sautant dans ses bras à son retour du travail. Mais un soir, l'enfant faillit à son habitude. Bien que très déçu, le père ne dit rien. Au fil des semaines, le manque d'affection visible de la part de son enfant le chagrina profondément. Puis vint son anniversaire.

La fillette profita de l'heure du repas pour apporter à son papa une paire de pantoufles en tissu qu'elle avait confectionnées avec beaucoup d'amour et de soins au cours des semaines écoulées. Tout excitée, elle lui demanda : «Est-ce qu'elles te plaisent ?» Il répondit qu'il les appréciait beaucoup mais, comprenant enfin la raison pour laquelle sa fille avait négligé de l'embrasser chaque jour à son retour, il prit l'enfant dans ses bras et ajouta : «Mais c'est toi que je préfère !»

Il en est de même pour Dieu. Le Seigneur se réjouit davantage de l'adoration et de la communion de ses enfants que des dons qu'ils pourraient lui faire et des offrandes qu'ils pourraient lui apporter, aussi précieux soient-ils. Dieu désire notre présence, et nous devrions désirer la sienne.

Il serait facile de conclure que, par devoir, il nous faut rester en contact avec Dieu en priant à intervalles de temps réguliers. Nul doute que cela est nécessaire et bienfaisant, mais il y a beaucoup plus que cela. Nous devons associer le Seigneur à tous les aspects de notre vie et ne rien lui cacher. Il est notre Seigneur et notre fidèle compagnon. Nous ne sommes donc jamais seuls. En l'invitant à partager notre existence, nous apprenons à cultiver le sentiment conscient de sa présence. Cela ne signifie pas que nous devons négliger nos devoirs professionnels. Loin de là, puisque la Parole nous exhorte à faire preuve de zèle dans nos tâches quotidiennes et à bien servir nos supérieurs.

Nous restons néanmoins toujours à portée de voix de Dieu, comme un parent et son enfant. L'un comme l'autre savent que le parent a le souci du bien-être de l'enfant, et celui-ci éprouve en conséquence un sentiment de sécurité dans la proximité de ses parents. De même, Dieu a en vue notre bien éternel ; ayons donc conscience que notre destinée est dans sa main. Lorsque la nuit nous fixons du regard le ciel parsemé d'étoiles, nous restons ébahis devant l'étendue du pouvoir de Dieu, et le jour, nous nous émerveillons en contemplant la beauté de la nature environnante. Derrière cette magnificence nous voyons Dieu, mais il est plus près de nous que cela, oui, beaucoup plus près. Il connaît la moindre de nos angoisses, le plus petit émoi, la plus insignifiante crainte qui agite notre cœur, car il est présent dans notre situation comme personne d'autre n'est capable de l'être.

Nous avons souligné l'importance d'être en communication avec Dieu. De là découle notre *communion avec lui*. Elle traduit notre prise de conscience de la réalité de la position spirituelle que l'Écriture désigne par l'expression «être en Christ». Arrachés aux ténèbres de l'incrédulité et amenés à la lumière de la foi, nous occupons une position spirituelle fermement assurée. Nous jouissons de tous les biens que le Seigneur nous a acquis. Nous avons la paix avec Dieu ; nous sommes en Christ. Nous avons aussi le sentiment profond d'être en communion avec une personne éclatant de pureté et de merveilleuse beauté. Rien ne peut jamais briser d'aucune façon ni détruire cette relation qui unit mon cœur à celui de Dieu. Nous entrons dans un domaine où nous savons et sentons ce que signifie être en Christ et nous pouvons dire :

«J'élève mon cœur vers toi,
O, mon Sauveur divin ;
Car tu es tout à moi
Et moi aussi, je t'appartiens.
Est-il sur terre de lien plus étroit
Que celui qui m'unit à mon Roi ?»

La communion dont le chrétien jouit avec son Dieu constitue un privilège unique.

Malheureusement, tout comme dans une famille un membre assuré du lien indéfectible qui le lie aux autres membres peut considérer cet amour comme définitivement acquis et prendre égoïstement ses distances, nous pouvons, nous aussi, négliger notre communion avec Dieu. Nous ne mesurons certainement pas toutes les souffrances que nous occasionnons aux membres de la famille, mais nous ne mesurons pas non plus toutes les joies familiales dont nous nous privons. Il en est de même du chrétien. Il peut poursuivre son chemin en donnant son attention à des intérêts innocents mais qui l'amènent à négliger Dieu et à l'attrister. Plus grave encore, il se prive des merveilles qu'il pourrait apprendre et dont il pourrait jouir dans sa communion avec le Seigneur. Le poète-compositeur gallois William Williams exprime avec force son désir de demeurer fondé en Christ en parlant du soupir de l'âme qui réclame davantage la présence du Seigneur, prête à tout abandonner et à affronter les pires tribulations en échange de la joie immense qui lui est proposée. Son cantique se termine par ces paroles :

«Accorde-moi cette connaissance pure et divine
Pour que je sache et sente que tu m'appartiens,
Pour que je sois capable de t'appeler mien ;
Pour que les doutes et les craintes s'enfuient,
Pour que toujours une foi sincère m'anime
Et remporte la victoire sur toute ma vie.»

Nous pouvons procéder par étapes pour cultiver la présence de Dieu. Le prophète Amos énonce un principe utile en posant la question : «Deux hommes marchent-ils ensemble sans s'être concertés ?» *(3:3)* Dans le domaine de la communion authentique, c'est impossible. De son côté David souligne l'importance de l'unité et s'exclame : «Voici, oh ! qu'il est agréable, qu'il est doux pour des frères de demeurer ensemble !» *(Psaume 133:1)* Comme le révèle la suite du psaume, David pensait à la douceur de l'onction et à la fraîcheur de la rosée.

Nous sommes certainement tous entrés au moins une fois dans une pièce où l'atmosphère était chargée et où l'orage menaçait d'éclater à tout moment. Mais il y a aussi l'expérience opposée, lorsque nous nous trouvons dans un lieu qui dégage un parfum d'unité et d'amour ! Marcher ensemble implique que nous soyons d'accord sur les grandes vérités de l'Évangile, mais aussi que nous poursuivions le même objectif et soyons animés du même esprit. Autrement dit, notre joie et notre plaisir suprêmes sont de marcher en harmonie et en union totales avec Dieu, et de tout faire pour préserver ces acquis.

Il faut effectivement les préserver à tout prix, car Satan cherche inlassablement à saper notre communion avec Dieu. Il est heureux de semer le désaccord ou l'inquiétude, lorsque nous ne comprenons pas bien les voies du Seigneur ; alors notre confiance s'estompe. Avec quelle rapidité nous oublions que toutes choses concourent au bien des croyants ! Maintenons et sauvegardons de toutes nos forces notre unité avec Dieu pour qu'elle ne perde rien de sa douceur et de sa fraîcheur.

Un autre aspect mérite d'être pris en compte, celui *du bonheur et des délices de la vie en Christ.* Que nous regardions un couple marié de fraîche date ou des conjoints plus âgés qui ont derrière eux des années de vie conjugale heureuse, c'est toujours un ravissement que de constater le plaisir que chacun trouve dans son conjoint. La vie intime avec notre Sauveur procure des délices encore supérieures. Sans lui, il n'y aurait ni Bonne Nouvelle ni espoir pour notre âme immortelle. C'est pourquoi l'incarnation du Fils de Dieu et sa vie parmi les hommes sont le sujet d'une joie indicible pour les siens. Deux natures coexistent dans sa personne mystérieuse : une nature humaine parfaite et une nature divine absolue. C'est lui qui a accompli la Loi divine à notre place et a subi le châtiment que méritaient nos manquements à cette Loi. Son œuvre parfaite procure à notre âme des délices éternelles et suscite notre profonde reconnaissance.

> *«Objet de mon ardent désir, Jésus crucifié pour moi ;*
> *Le bonheur auquel j'aspire ne se trouve qu'en toi.*
> *Te connaître, te louer, c'est mon bonheur suprême ;*
> *Te contempler, t'aimer c'est la félicité même.»*

Même sans avoir côtoyé le Seigneur pendant sa vie terrestre, d'une certaine manière sa beauté, sa pureté et le rayonnement de tout son être ont conquis notre cœur. Il n'est pas étonnant qu'à travers les siècles, les croyants se soient inspirés des paroles de Salomon dans le Cantique des cantiques pour décrire ce que le Seigneur représentait pour eux : le narcisse de Saron, le lis des vallées, le bien-aimé. Lorsque nous lisons les évangiles, il est bon de méditer les paroles du Sauveur et, par la pensée, de lever les yeux vers celui que nous aimons. Nous cherchons généralement à faire plaisir à la personne que nous aimons ; il doit en être de même vis-à-vis de Jésus-Christ. Que notre plus grand bonheur soit de faire sa volonté !

Procédons de temps en temps à un examen de nous-mêmes et demandons-nous quel est notre désir le plus ardent, de peur que des motifs moins dignes que le Seigneur ne viennent rogner la place qui lui revient. Ayons toujours présente à l'esprit cette affirmation de Paul : «Car vous avez été rachetés à un grand prix. Glorifiez donc Dieu dans votre corps et dans votre esprit, qui appartiennent à Dieu» *(1 Corinthiens 6:20).*

Notre marche avec le Seigneur doit se caractériser par *une honnêteté et une transparence absolues*. Ne lui cachons rien. Imaginons un vitrail sur lequel le soleil radieux darde ses rayons. Si le verre n'est jamais lavé, la poussière se fixe sur lui et le rend de plus en plus opaque. La lumière n'entre que difficilement dans la pièce qui se trouve ainsi de moins en moins éclairée. Il suffit de nettoyer la vitre pour supprimer tout ce qui empêche la clarté solaire de pénétrer et d'éclairer ses magnifiques couleurs. Pour nous, être transparents signifie l'absence de ruse et de choses dissimulées, et une marche dans la lumière avec le Seigneur.

Comme nous l'avons indiqué au début de ce chapitre, souvenons-nous de la description que l'apôtre Jean donne de Dieu dans sa sainteté et sa pureté : «La nouvelle que nous avons apprise de lui, et que nous vous annonçons, c'est que Dieu est lumière, et qu'il n'y a point en lui de ténèbres» *(1 Jean 1:5).* D'après cette déclaration, tout ce qui appartient aux ténèbres, ce qui est mal, péché, mensonge ou tromperie, tout cela est totalement étranger à Dieu. L'Écriture nous enseigne que la pureté de Dieu est si totale qu'il ne peut pas voir le péché : «Tes yeux sont trop purs pour voir le mal, et tu ne peux pas regarder l'iniquité» *(Habakuk 1:13).*

Puisque Dieu est le Dieu de vérité, il ne peut tolérer *aucun mensonge*, ni aucune tromperie. Pouvez-vous imaginer le regard perçant de Dieu ? Combien Pierre dut se sentir embarrassé et repris intérieurement quand le Seigneur le regarda ! Il n'est pas étonnant qu'il ait amèrement pleuré à la suite de cette mise à nu de son reniement. L'Écriture souligne sans cesse l'intégrité de Dieu : «... l'espérance de la vie éternelle, promise avant tous les siècles par le Dieu qui ne ment pas» *(Tite 1:2).*

Non seulement Dieu ne ment pas, mais la *fiabilité de ses promesses est absolue*, vérité qui concerne directement notre vie dans la gloire. En préparant ses disciples à son prochain départ, le Seigneur Jésus-Christ leur dit : «Il y a plusieurs demeures dans la maison de mon Père. Si cela n'était pas, je vous l'aurais dit» *(Jean 14:2).* Le Seigneur ne nous trompera jamais et ne reviendra jamais sur sa parole.

Nous vivons dans un monde où le double langage et la pratique de la langue de bois sont courants, où les promesses ne sont pas toujours tenues et où les débris de nos paroles tortueuses jonchent notre passage.

En Dieu, il n'y a rien de tout cela. Ses desseins sont immuables, sa volonté inflexible. «Toute grâce excellente et tout don parfait descendent d'en-haut, du Père des lumières, chez lequel il n'y a ni changement ni ombre de variation» *(Jacques 1:17).* Cela signifie que Dieu ne nous abandonnera pas en cours de route et ne modifiera pas ses projets. Quand notre grand Dieu entreprend une œuvre, il l'amène toujours à son terme.

La Bible souligne cette fiabilité sous une forme négative : «Il ne peut se renier lui-même» *(2 Timothée 2:13).* Dieu est *fidèle à sa propre nature*. Comme il est parfait, il ne saurait éprouver le besoin de s'améliorer, car sa perfection s'étend à toutes ses facultés et à tous ses attributs. Le Dieu de lumière que présente la Bible, notre grand Dieu, est une personne digne d'être célébrée.

«Entrez dans ses parvis avec des louanges,
Approchez-vous de son trône avec des chants ;
Adorez et acclamez à jamais son nom avec les anges,
Car il est bon de le célébrer en tout temps.»

«Car le Seigneur notre Dieu est parfait ;
Sa miséricorde dure à jamais ;
Sa vérité est solidement ancrée
Et s'étend d'éternité en éternité.»

La vie en Christ est notre espérance, et notre présence avec lui notre joie suprême. Notre désir de sa personne et de sa communion, ainsi que la volonté de coopérer avec le Saint-Esprit dans notre vie quotidienne sont de sûrs indices et des preuves irréfutables de la présence de la grâce dans notre vie. Peut-être nous demandons-nous : «Que faire si je m'éloigne du Seigneur ?» Courez à lui et dites-lui ce que vous avez sur le cœur.

En effet, «si nous confessons nos péchés, il est fidèle et juste pour nous les pardonner, et pour nous purifier de toute iniquité» *(1 Jean 1:9).*

Quel merveilleux Évangile ! Il nous présente une relation avec Christ qui garantit notre position éternelle et nous assure d'un pardon total. Nous sommes encore victimes de chutes quotidiennes, car le fait est que notre croissance dans la grâce est bien lente et que nous retombons facilement dans des péchés que nous avions cru éradiqués pour toujours.

Mais nous sommes purifiés lorsque nous confessons nos fautes au Seigneur. Notre communion est sauve, mais il convient de rétablir la précieuse intimité avec Dieu. Lorsque David pécha contre Dieu, il se repentit de tout son cœur et pria : «Rends-moi la joie de ton salut» *(Psaume 51:14).* Et le Dieu de compassion s'empressa d'exaucer cette prière.

«O Jésus, mon doux partage,
Quel bonheur d'être avec toi !
Ta présence me soulage,
Quand ma peine est lourde en moi.
Je possède en ma faiblesse,
Ta personne et tes bienfaits :
Si mon âme te délaisse,
Qui me donnera la paix ?

«O Jésus, mon espérance,
Joie et sève de mon cœur,
Garde-moi de la souffrance,
Sois ma force et ma vigueur !
O divin soleil de l'âme,
Resplendit devant mes yeux :
Si j'éteins en moi ta flamme,
Qui me montrera les cieux ?

«O Jésus, ô tendre Maître,
Nous voici tous devant toi,
T'implorant de tout notre être,
Et t'adorant avec foi.
Tu nous aimas jusqu'au bout,
En toi nous possédons tout.
O Jésus, ô Roi de paix,
Règne sur nous désormais !»

5

La repentance

«Les sacrifices qui sont agréables à Dieu, c'est un cœur brisé : O Dieu ! tu ne dédaignes pas un cœur brisé et contrit»
(Psaume 51:19)

L'expérience initiale dans notre relation avec Dieu, ce changement radical qui nous a fait passer des ténèbres à la lumière, de l'état d'enfant de désobéissance et de colère à celui d'héritier de Dieu, inclut nécessairement la repentance. Il est impossible de la contourner puisque nous avons affaire à un Dieu saint dont les qualités et les attributs sont immuables. Le péché est opposé à la nature divine ; la tristesse provoquée par le péché et son abandon sont des aspects essentiels de l'œuvre de la grâce dans l'âme humaine ; ils sont le préalable indispensable à toute communion intime avec Dieu, une communion qui atteindra sa sublime perfection dans la gloire. Sans la repentance pour nos péchés et le désir de changer, il ne peut y avoir de relation authentique avec Dieu, surtout si nous souhaitons et désirons déjà jouir de la présence de Dieu dans cette vie.

Nous avons déjà examiné la glorieuse expérience qui consiste en l'imputation de la justice de Christ et en l'expiation de notre péché sur la croix. Si nous sommes placés au bénéfice de l'œuvre que Christ a accomplie par son obéissance active à la Loi divine à notre place et par son obéissance passive en subissant le châtiment de notre péché et de notre faillite, notre position dans la grâce est inébranlable. Nous sommes parfaits en lui, et cette condition est immuable.

Pourtant, la repentance reste un élément essentiel de progrès dans la sanctification de notre vie d'enfants de Dieu. Dans ce processus, le Saint-Esprit nous fait expérimenter de plus en plus la réalité du Sauveur et nous encourage à nous soumettre à la Parole de Dieu dans notre marche quotidienne avec lui. La repentance constitue un aspect primordial de cette œuvre.

Je précise ma pensée. Au début de mon ministère pastoral dans une église située au cœur des montagnes à l'ouest du Pays de Galles, il y avait dans l'église plusieurs des convertis du Réveil spirituel qui avait secoué le pays en 1904. Ces chrétiens étaient connus comme «les enfants du Réveil». Ils étaient les fruits spirituels de la grâce divine lors de cette période. J'avais certes eu l'occasion de rencontrer dans tout le pays beaucoup d'autres convertis de ce magnifique mouvement, mais si je mentionne ceux-là, c'est parce que j'étais leur pasteur, ce qui me permettait de jouir de la communion avec eux et d'apprendre beaucoup à leur contact. Ils sont toujours précieux à mon cœur et ont joué un rôle important dans ma compréhension spirituelle des choses.

Voilà où je veux en venir. Lors de nos réunions de prière, ces gens me déconcertaient. D'un côté, ils priaient avec une assurance et une confiance telles qu'on aurait dit Dieu présent dans la pièce. Il était vraiment une réalité vivante pour eux, et faisait la joie de leur vie. Mais dans le même élan de prière, ils éprouvaient un tel brisement et une telle indignité à cause de leur péché que, dans mon ignorance, je me demandais s'ils avaient réellement compris la merveilleuse doctrine de la justification dans toutes ses certitudes et sa gloire. Pourtant, devant l'évidence de la qualité réelle de leur vie spirituelle dans toutes les circonstances qu'ils traversaient, j'aspirais à leur ressembler.

Avec le temps, je compris qu'ils possédaient cet équilibre doux et délicat entre une confiance née de la pleine assurance de la foi et un profond respect pour Dieu qui engendrait en eux une remarquable sensibilité au péché.

Peu à peu, j'ai appris que plus nous vivons dans la proximité de Dieu, plus notre confiance grandit ; mais parallèlement se développe aussi le sentiment de honte suscité par le péché qui subsiste en nous. Ce genre de contrition est un signe de piété.

On pourrait illustrer ce fait en pensant à la manière dont un enfant apprend le piano. Au commencement, l'enfant est en sécurité entre les mains de son professeur, ce qui représente dans cet exemple l'expérience chrétienne initiale avec Dieu par le Seigneur Jésus-Christ. Lors des toutes premières leçons, le maître lui donne quelques notions à propos de l'instrument, lui joue quelques gammes et lui demande de les répéter à la maison, avec d'autres exercices simples. Puis vient le jour où l'enfant joue son premier morceau de musique. Ses parents ont l'impression d'entendre un virtuose ! Ils oublient allègrement les fautes et les gaffes, sachant qu'elles seront corrigées le moment venu. N'en est-il pas ainsi avec notre Seigneur compatissant ? N'est-ce pas ainsi qu'il purifie patiemment notre âme ?

Prolongeons notre comparaison. Imaginons que l'enfant, devenu adulte, soit un concertiste de renom. Dès lors, chaque fausse note ou chaque erreur de temps nuit à la qualité du jeu et fait souffrir le pianiste qui a conscience de la moindre imperfection. Nous de même, lorsque nous croissons en grâce, nous sommes mortifiés par les séquelles de nos anciens péchés qui refont surface et par la tristesse que nous causons au Seigneur. La repentance aura toujours sa raison d'être dans notre vie car nous sommes de perpétuels apprentis en matière de vie par la grâce.

Qu'est-ce donc que la repentance, et pourquoi est-elle si vitale dans notre cheminement chrétien ? Elle doit évidemment être présente lors de notre première approche de Dieu. A ce moment, associée à la foi, elle culmine dans la conversion, dès lors que nous nous approprions les bienfaits spirituels incommensurables qui sont en Christ et nous introduisent dans une relation juste avec Dieu. Mais ce n'est pas la fin de la repentance, puisque nous avons affaire à un Dieu saint. L'un des cantiques de F. W. Faber exprime bien ce fait. L'auteur s'efforce de décrire le chrétien soucieux de suivre le Sauveur :

«O combien je te crains, Dieu vivant !
D'une crainte profonde et tendre ;
Et je t'adore avec un espoir tremblant
Et des larmes de repentir à cœur fendre.»

La repentance fait partie de tout le processus de transformation. En Actes 11:18, il est dit par exemple que «Dieu a donc accordé la repentance aussi aux païens, afin qu'ils aient la vie.» Paul affirme une vérité semblable en 2 Corinthiens 7:10 : «En effet, la tristesse selon Dieu produit une repentance à salut dont on ne se repent jamais, tandis que la tristesse du monde produit la mort.»

Dès sa première prise de contact avec Dieu, l'âme rendue à la vie découvre le sentiment de la crainte de Dieu et s'aperçoit du rôle actif que joue la repentance. Il se produit un changement intérieur par lequel l'âme se détourne du péché et se tourne vers Dieu. La repentance s'enracine dans *une authentique crainte de Dieu*. Même lorsque le pécheur est en sécurité dans les bras de la grâce qui l'a justifié, a obtenu le pardon de ses péchés et est assuré d'être accepté par Dieu, il est bon qu'il soit toujours habité par une crainte de Dieu profonde, saine et solide. Car Dieu est Dieu et il demeure dans les profondeurs d'un feu dévorant. Le chrétien doit trouver un juste équilibre entre sa confiance en Dieu et sa prise de conscience du caractère redoutable de ce même Dieu. Citons à nouveau un cantique de Faber :

«Mon Dieu, que tu es merveilleux !
Que ta majesté est éclatante
Et ton propitiatoire radieux
Au cœur de ta lumière aveuglante !

«Tu es redoutable depuis le temps le plus reculé
O Seigneur, Dieu d'éternité !
Nuit et jour, devant toi prosternés,
Les esprits célèbrent sans cesse ta sainteté.

«Combien doit être merveilleuse et sublime
La vue de ta personne divine,
Ta sagesse infinie, ton pouvoir illimité,
Et ta pureté immaculée !»

Tandis que Dieu poursuit inlassablement son œuvre de purification dans notre cœur, nous mesurons notre privilège de pouvoir cultiver une communion intime si précieuse avec Dieu. Et lorsque nous péchons en parole ou en acte, une repentance authentique *rétablit notre bienfaisante relation avec lui.*

Dénués d'un esprit de repentance et de contrition, nous deviendrions rapidement insouciants de notre attitude. Avec quelle facilité la vraie communion avec Dieu fait place à une familiarité qui n'est certainement pas de mise ! De plus, celle-ci s'accompagne d'une insouciance qui, en tolérant dans notre vie ce qu'elle condamne chez les autres, attriste l'Esprit Saint. Notre communion avec Dieu se relâche et nous ne nous sentons plus à l'aise au milieu de son peuple.

La repentance est *la condition indispensable au maintien d'un esprit paisible.* Nous aurions tort d'assimiler la repentance à la nécessité d'apparaître toujours tristes, avec un visage allongé et un cœur lourd. S'il est vrai que nous nous lamentons à cause de nos péchés, la repentance présente aussi un côté positif, car elle nous procure la satisfaction de pouvoir continuer à marcher avec Dieu dans la joie et la sérénité d'esprit.

Le verset cité au début de ce chapitre : «Les sacrifices qui sont agréables à Dieu, c'est un cœur brisé : O Dieu ! tu ne dédaignes pas un cœur brisé et contrit», semble faire écho à l'affirmation précédente. Pourtant, à l'examen, il révèle bien davantage. Il montre que le croyant peut offrir des sacrifices de façon purement formaliste et dans l'indifférence, lorsque son cœur a peu de place pour Dieu. Il en va tout autrement quand le cœur est conscient de la sainte nature de Dieu et en tient compte. Ce respect nous maintient à notre juste place et contribue à rendre notre esprit sensible. Il y a une grande différence entre un cœur ou un esprit atterrés et le brisement spirituel. Le chrétien brisé a appris à haïr ce qui s'intercale entre lui et Dieu. Son brisement le pousse à s'attrister sur son péché, car il aime Dieu et souhaite que sa communion avec lui ne soit ni altérée ni interrompue. S'il est dans cette disposition, il peut avoir l'assurance que Dieu ne se détournera pas mais qu'il s'approchera de lui. L'enfant de Dieu aspire à préserver sa relation bénie avec Dieu, car elle adoucit les rigueurs de son pèlerinage même dans les pires adversités. Il a le désir de rester fidèle à Dieu, et ce désir s'ancre dans les profondeurs de son cœur.

«Hélas ! combien mon cœur est récalcitrant !
Je sais qui est mon guide, je connais le chemin :
Pardonne-moi, ô mon ami divin,
Pardonne-moi de m'égarer si souvent !»

Sans la repentance et la contrition qui sont des activités nécessaires de notre vie chrétienne, nous n'apprendrions jamais à haïr le péché et à apprécier la compagnie précieuse d'un Dieu saint. Nous pouvons même nous demander si nous serions encore disposés à apprendre, car l'arrogance nous guette, comme si nous savions tout et étions déjà «arrivés» spirituellement. Nous nous comporterions comme si nous n'avions plus rien à découvrir. Ne serait-ce pas faire croire que nous avons atteint les limites et épuisé la connaissance de Dieu ? La repentance et la contrition sont de sûrs remparts contre ce danger ; elles entretiennent au contraire un désir de mieux connaître Dieu, au fur et à mesure que nous découvrons sa pureté et apprécions ses voies. Nous savons que rien ne peut menacer ni rompre notre relation avec Dieu ; en revanche, nous pouvons perdre le sentiment de notre communion avec lui.

«Reviens, reviens, sainte colombe,
Céleste et doux messager de bonheur !
Je hais le péché qui t'a conduit à la tombe
Et m'a, hélas, éloigné de ton cœur.»

Les sacrifices prennent alors une autre dimension. L'apôtre Paul révèle le vrai sacrifice et le prix d'une vie transformée : «Je vous exhorte donc, frères, par les compassions de Dieu, à offrir vos corps comme un sacrifice vivant, saint, agréable à Dieu, ce qui sera de votre part un culte raisonnable» *(Romains 12:1).* Paul s'appuie sur la nature miséricordieuse de l'Évangile à notre égard et sur notre nouvelle relation avec Dieu pour nous exhorter à adopter un style de vie radicalement différent. Même notre vie corporelle doit refléter le changement intervenu dans notre cœur. C'est l'enjeu d'une vie de sacrifice librement consenti, mise à part pour Dieu, une vie de sainteté qui lui soit agréable.

L'apôtre précise ensuite les implications d'une telle vie : «Ne vous conformez pas au siècle présent, mais soyez transformés par le renouvellement de l'intelligence, afin que vous discerniez quelle est la volonté de Dieu, ce qui est bon, agréable et parfait» *(v.2).* Le chrétien doit se détourner de l'amour du monde, c'est-à-dire de tout ce qui éclipse Dieu à notre regard, que ce soit un péché, un désir indigne ou une affection coupable. Il faut les rejeter et ne pas permettre leur retour, afin de faire réellement l'expérience d'une vie transformée. Ce sera la preuve que la vie de Dieu agit en nous, et un moyen de connaître sa volonté à notre égard.

Pour mener une vie conforme à cet idéal, il faut conserver aux mots «repentance» et «contrition du cœur» leur sens plein et le mettre en œuvre. C'est le sacrifice que nous offrons pour rester sur l'autel du service de Dieu et faire la prodigieuse découverte de sa volonté. Quel défi pour notre approche moderne et insouciante ! (Est-elle d'ailleurs si moderne ?) Les Écritures ne précisent-elles pas les conditions imposées à tous ceux qui veulent suivre le Seigneur Jésus-Christ et marcher avec Dieu ? Le Seigneur nous a ordonnés de nous charger chaque jour de notre croix et de le suivre. Il s'agit bien de la croix de notre obéissance quotidienne à Christ, quelles que soient les circonstances. Voilà ce qu'est la religion véritable, comme l'a décrite Joseph Hart :

> *«La vraie religion est autre chose qu'une idée abstraite ;*
> *Elle propose une réalité à connaître et à ressentir.»*

La repentance et la contrition nous maintiennent sur le chemin de la piété. Une approche écervelée de la foi chrétienne ne s'accommode pas de ces vertus, pas plus que de Dieu d'ailleurs, et celui-ci n'accepte pas ceux qui s'approchent de lui en les contournant. C'est notre privilège solennel et joyeux que d'emprunter ce chemin du sacrifice, car notre offrande est pour celui qui a offert le sacrifice suprême pour nous.

«C'est toi, Jésus ! que recherche mon âme ;
A te trouver se bornent mes souhaits ;
C'est ton regard que sur moi je réclame ;
Rends-moi, Seigneur, rends-moi ta douce paix.

«Longtemps j'errais dans les sentiers du monde,
Ne connaissant ni ton nom ni ta loi :
Tu me cherchas en cette nuit profonde,
Et, pour toujours, m'en tiras par la foi.

«De ton amour la voix se fit entendre :
J'appris alors que tu m'as racheté,
Et ton Esprit à mon cœur fit comprendre
Ce qu'est pour nous, ô Dieu, ta charité.

«Prends donc pitié de ma grande misère ;
Soumets mon cœur, brise sa dureté ;
A Golgotha mon âme te fut chère :
Je compte, ô Dieu, sur ta fidélité.»

6

La foi

«Or la foi est une ferme assurance des choses qu'on espère, une démonstration de celles qu'on ne voit pas»

(Hébreux 11:1)

La foi est en tête de liste dans tous les aspects de la vie chrétienne. La Bible déclare : «Sans la foi, il est impossible de lui être agréable ; car il faut que celui qui s'approche de Dieu croie que Dieu existe et qu'il est le rémunérateur de ceux qui le cherchent» *(Hébreux 11:6).* De telles paroles montrent clairement la nature vitale de la foi ; d'ailleurs, il est impossible de nouer une relation avec une personne en qui nous n'avons pas un minimum de confiance. Lorsque la confiance disparaît, tout s'écroule. La Réforme a remis en évidence l'importance de la foi dans le christianisme en soulignant sa sublime beauté devant les yeux des hommes et des femmes qui avaient découvert que la foi en Christ favorisait la plus merveilleuse des relations.

Nous avons déjà indiqué la place primordiale de la foi dans notre salut. Il vaut maintenant la peine d'examiner quelle en est la source et, partant de là, de comprendre quelque chose de sa qualité et de son influence dans notre vie.

L'épître aux Hébreux révèle *l'origine de la foi*. En décrivant la vie chrétienne comme une course dans laquelle le croyant s'engage avec persévérance et un cœur entier, les yeux fixés sur le but final, l'auteur ajoute : «… ayant les regards sur Jésus, qui suscite la foi et la mène à la perfection ; en échange de la joie qui lui était réservée, il a souffert la croix, méprisé l'ignominie, et s'est assis à la droite du trône de Dieu» *(12:2)*. Le Seigneur Jésus est donc l'auteur, la source et l'inspiration de la foi. Il la mène aussi à la perfection parce que cette foi trouve son origine en lui et lui appartient.

L'apôtre Paul décrit la nature essentielle de la foi et sa source : «C'est par la grâce que vous êtes sauvés, par le moyen de la foi. Et cela ne vient pas de vous, c'est le don de Dieu» *(Éphésiens 2:8)*. La foi est présentée comme un don de Dieu à ses enfants, un outil qui leur permet de saisir sa grâce. Mais elle ne nous est donnée que pour nous approcher de Dieu par son Fils. Il faut qu'elle soit de qualité infaillible et ne déçoive jamais celui qui la reçoit. Or, par nature, les dons divins sont toujours parfaits.

Cette foi prend vie dans les recoins de l'âme touchée par Dieu, et la conduit à Christ. C'est par elle que nous acceptons le Seigneur Jésus-Christ et sommes acceptés de lui. La foi en lui procure au pécheur tous les bienfaits de l'œuvre de Christ. Le salut est décrit comme la justification par la foi en Christ. Autrement dit, la foi en Christ donne à notre âme l'assurance que nous sommes en règle avec Dieu. Nous sommes acceptés sans réserve à cause de la vie et de la mort du Sauveur, et nous commençons à découvrir la signification et la valeur profondes de tout ce qu'il a accompli pour nous. Cette acceptation par Dieu nous permet d'être en paix avec lui, et donc de jouir de la paix du cœur et de l'esprit. Dans un cantique où il célèbre la justification par la foi, l'auteur écrit :

«Source inépuisable de la grâce,
Thème cher au cœur de tes enfants,
Sujet de louanges en tout temps,
Vertu suprême et des plus efficaces ;
Béni sois-tu pour les effets glorieux
De l'incarnation de ton cher Fils ;
La grâce impute sa justice
Et la foi seule saisit ce don merveilleux.»

Désormais, le chrétien *vit par la foi* ; cette paisible confiance en Dieu fait de notre marche avec lui une expérience bien réelle au fur et à mesure que nous prenons conscience de l'œuvre purificatrice de sa grâce dans notre âme. Hébreux 11 brosse un tableau saisissant d'hommes et de femmes, certains bien connus, d'autres moins, qui ont vécu par la foi en Dieu. Cette description de la foi en action montre comment cette vertu s'exerce dans les circonstances les plus diverses de la vie quand nous plaçons notre confiance en Dieu et croyons que nous sommes au bénéfice de ses soins compatissants.

Il s'agit d'une relation de confiance. Il serait faux de prétendre que nous ne sommes jamais inquiets ou anxieux, mais nous pouvons être déchargés de ces fardeaux. Si nous vivons par la foi, et si nous avons confiance en Dieu et croyons qu'il prend soin de nous, alors nous pouvons nous décharger sur lui de tous nos soucis *(1 Pierre 5:7).* Il est bon de nous en souvenir quand des pensées d'inquiétude assaillent notre esprit et que notre cœur tremble, que nous ne pensons plus à rien ni personne d'autre qu'à nos soucis. Il est alors temps de faire cesser cette agitation, de nous prendre en main et de faire connaître nos besoins au Seigneur. Aucun souci n'est trop grand ou trop insignifiant pour qu'il ne nous entende pas, et il agira toujours pour notre bien suprême.

En tout cas, lorsque nous lui confions nos soucis, le simple fait de lui ouvrir notre cœur procure un sentiment de soulagement. De plus, le fait de savoir que nous pouvons faire confiance à notre Père céleste accroît notre sensation de paix. N'oublions jamais notre lien avec lui : le Dieu éternel est notre Père, et nous sommes ses enfants. Comme nous l'avons déjà mentionné, Paul donne des indications claires : «Ne vous inquiétez de rien ; mais en toute chose faites connaître vos besoins à Dieu par des prières et des supplications, avec des actions de grâces» *(Philippiens 4:6)*. C'est une invitation et une merveilleuse occasion de faire part de toutes nos inquiétudes au Seigneur.

Ce faisant, nous nous souviendrons de certains moments passés où Dieu nous a guidés à travers des difficultés énormes et perfides. L'évocation de ces bénédictions remplira peu à peu notre cœur de reconnaissance envers notre Père céleste. Si nous nous demandons ce que nous pouvons confier au Seigneur et ce que nous devons conserver pour nous-mêmes, la réponse ne souffre aucune exception : tout lui apporter, ne rien lui cacher. Ne vous inquiétez de rien ! Si vous ne voulez pas que votre joie se ternisse, hâtez-vous de lui apporter tout ce qui vous accable.

Venir à Dieu et lui présenter nos requêtes entraîne une merveilleuse conséquence : «La paix de Dieu, qui surpasse toute intelligence, gardera vos cœurs et vos pensées en Jésus-Christ» *(Philippiens 4:7)*. Cette paix surpasse tout ce que les hommes pourraient donner. Elle affermit le cœur, calme les tempêtes, tranquillise l'esprit, dissipe la confusion et permet de penser *spirituellement*. C'est cette paix dont parlait le Seigneur lorsqu'il dit à ses disciples : «Je vous laisse la paix, je vous donne ma paix. Je ne vous donne pas comme le monde donne. Que votre cœur ne se trouble point et ne s'alarme point» *(Jean 14:27)*.

Pratiquons continuellement cette marche étroite avec Dieu, soyons constamment ouverts à l'influence bénéfique de la vie divine en nous. Cette relation de confiance est d'un grand réconfort ; elle permet à la grâce d'agir en chassant la crainte. Ce monde terrible est rempli de sujets d'effroi. Nous craignons que les conditions de vie changent, les ruines et les dévastations d'une guerre, les soucis imprévus, la maladie et la disette. Mais lorsque la foi en Dieu habite notre cœur, nous savons que sa main tendre et compatissante ne nous lâchera jamais. Nous affrontons la vie en compagnie de Dieu. Non seulement pense-t-il à nous, mais de plus il est toujours avec nous, et sa douce présence apaise notre cœur et l'emplit de gratitude.

La foi en Dieu nous permet de faire face aux difficultés qui paraissent insurmontables et de voir que la main divine nous conduit à travers les circonstances sournoises et nous maintient sur le chemin. L'histoire de Josaphat m'a toujours passionné. Le récit présente les difficultés que traversait le peuple, et la mise à l'épreuve du roi. 2 Chroniques 20 décrit cette sombre page de l'histoire de Juda. Ses ennemis convergeaient de toutes les directions vers le petit royaume. Nous imaginons facilement la crainte qui étreignit le cœur des habitants lorsqu'ils entendirent le son des trompettes et le bruit des armées qui approchaient. Le peuple avait abandonné tout espoir. Alors le narrateur inspiré rapporte ceci : «Dans sa frayeur, Josaphat se disposa à chercher l'Éternel, et il publia un jeûne pour tout Juda» *(v.3)*. Le peuple s'assembla ; le roi se tint devant lui et pria. Lorsque le croyant prie, il n'a pas besoin de céder à la panique ; il peut s'approcher de Dieu de façon digne et solennelle, même s'il tremble devant les menaces.

Josaphat fit monter vers Dieu une prière remarquable qui débute ainsi : «Éternel, Dieu de nos pères, n'es-tu pas Dieu dans les cieux, et n'est-ce pas toi qui domines sur tous les royaumes des nations ? N'est-ce pas toi qui as en main la force et la puissance, et à qui nul ne peut résister ? N'est-ce pas toi, ô notre Dieu, qui as chassé les habitants de ce pays devant ton peuple d'Israël, et qui l'as donné pour toujours à la postérité d'Abraham qui t'aimait ?» *(vv.6,7)*

Le roi Josaphat poursuit en décrivant le sanctuaire où le peuple se rassemble pour rencontrer Dieu, surtout dans les moments d'épreuve. Il attire l'attention du Seigneur sur les ennemis actuels, ces ennemis mêmes que Dieu avait ordonné à Israël d'épargner autrefois. En attaquant traîtreusement Juda, ces nations font preuve d'ingratitude et récompensent mal la bonté que le peuple de Dieu leur avait témoignée en ne les détruisant pas des siècles plutôt. Le roi termine sa prière ainsi : «O notre Dieu, n'exerceras-tu pas tes jugements sur eux ? Car nous sommes sans force devant cette multitude nombreuse qui s'avance contre nous, et nous ne savons que faire, mais nos yeux sont sur toi» *(v.12)*.

Vers où pourrions-nous mieux tourner notre regard, sinon vers Dieu lui-même, puisque tout notre espoir repose sur lui ? Quelle belle scène que celle de la tribu de Juda réunie par familles en petits groupes guettant la réaction de l'Éternel ! Dieu ne fit pas attendre sa réponse. Il la communiqua lorsque son Esprit saisit l'un des Lévites et lui donna l'assurance de la délivrance et de la victoire : «Ne craignez point et ne vous effrayez point devant cette multitude nombreuse, car ce ne sera pas vous qui combattrez, ce sera Dieu» *(v.15)*. La transformation au sein du peuple fut immédiate ; les habitants rejetèrent la peur et embrassèrent la foi.

Souvent dans la vie les difficultés s'accumulent comme une montagne ou comme une armée disposée contre nous. Que faire ? Qu'attend Dieu de nous ? Adressons-nous au Seigneur, confions-lui nos problèmes et espérons en lui. Nous ne restons pas totalement inactifs ni indifférents ; nous guettons au contraire activement son intervention miséricordieuse dans notre vie. La vie avec Dieu, ou plutôt la vie de Dieu avec nous et en nous est une relation de confiance absolue qui transforme chacune de nos journées.

«La foi brille d'autant plus fort
Que la tempête fait rage au dehors ;
Elle ne craint rien dans le danger
Et ne doute pas dans l'obscurité.»

La foi éclaire notre vision, et nous voyons sous un jour différent. *Les choses nous apparaissent sous le regard de Dieu.* La crainte observe les choses et les événements sans Dieu, mais la foi ne le laisse jamais en dehors. Et cela change tout. Lorsque les autres sont complètement désespérés et ne savent plus vers qui se tourner, le chrétien fait l'expérience de la foi qui brille d'autant plus fort et il sent la présence de Dieu d'autant mieux que l'épreuve est rude. Vivez-vous avec lui, lui faites-vous confiance, et jouissez-vous de la douce présence de Dieu ? Il aime lire la confiance dans le regard et le cœur de ses enfants lorsqu'il les inonde de sa bienveillance. Plus le chemin est difficile, plus le Seigneur nous tient fermement. Plus la tempête se déchaîne, plus le Seigneur nous serre dans ses puissants bras d'amour.

En écrivant à des chrétiens qui enduraient de terribles persécutions, Pierre leur rappelle celui qui les garde. Lors du grand Réveil spirituel de 1904 au Pays de Galles, les gens avaient pris l'habitude de répondre, quand on leur demandait comment ils allaient : «Je suis gardé.» Ce n'était somme toute que l'écho de la déclaration de Pierre :

> «A vous qui, par la puissance de Dieu, êtes gardés par la foi pour le salut prêt à être révélé dans les derniers temps ! C'est là ce qui fait votre joie, quoique maintenant, puisqu'il le faut, vous soyez attristés pour un peu de temps par diverses épreuves, afin que l'épreuve de votre foi, plus précieuse que l'or périssable (qui cependant est éprouvé par le feu), ait pour résultat la louange, la gloire et l'honneur, lorsque Jésus-Christ apparaîtra» *(1 Pierre 1:5-7).*

Il y a plusieurs années, j'ai lu une illustration de ce passage où l'auteur décrivait l'ancienne méthode employée pour purifier l'or et l'argent. On chauffait les métaux précieux jusqu'à leur point de fusion pour que les impuretés se déposent au fond de la coupelle. Si la température était insuffisante, les impuretés restaient mélangées à l'or ou à l'argent, mais si elle était trop élevée, elle abîmait le métal précieux. L'orfèvre devait donc bien veiller à la température du métal en fusion. Apparemment, il savait que la température idéale était atteinte lorsque la surface du métal fondu reflétait son image. Il éloignait alors le récipient du feu et transvasait l'or ou l'argent en fusion, débarrassé de leurs scories. De la même façon, Dieu purifie notre foi en lui pour qu'il puisse contempler son image en nous. Pierre décrit ainsi ce prodige : «Vous l'aimez sans l'avoir vu, vous croyez en lui sans le voir encore, vous réjouissant d'une joie merveilleuse et glorieuse» *(v.8).*

Quel merveilleux don que celui de la foi et quel privilège d'avoir pu la placer en Dieu ! C'est un lien qui ne sera jamais détruit.

«La foi se maintient sur le chemin étroit
Jusqu'à l'envol de la dernière étincelle de vie,
Elle illumine d'une pure et céleste joie
Le visage de celui qui va vers le céleste ami.

«Seigneur, accorde-moi une telle foi !
Alors, quoi qu'il puisse arriver,

Je goûterai dès ici-bas la félicité
D'habiter dans la maison de mon Roi.»

Un jour la foi rendra son œuvre parfaite lorsqu'elle nous introduira sains et saufs dans la présence de Dieu. Mais elle ne disparaîtra pas pour autant, elle se changera en vue. Car le temps viendra où nous vivrons en contemplant Dieu. Que dire alors d'une telle communion, d'une patience si pleine de tendresse, d'une grâce si efficace ? De toute notre âme, nous adorerons Dieu.

«Comme est bon le Dieu que nous adorons,
Notre ami fidèle et immuable !
Sa grâce a la mesure de sa puissance,
Et son amour est incommensurable.

«C'est Jésus, le premier et le dernier
Dont l'Esprit nous conduira en lieu sûr ;
Nous le célébrerons pour son œuvre passée
Et lui ferons confiance pour le futur.»

7

La conscience

«... conservant le mystère de la foi dans une conscience pure»
(1 Timothée 3:9)

La conscience est une faculté de l'âme, et une faculté extrêmement sensible. Notre âme immortelle possède en son centre ce qu'on appelle souvent le cœur ou l'esprit. C'est là que s'opèrent les actions divines qui déterminent notre orientation spirituelle et notre destinée éternelle. L'âme se manifeste de cinq façons différentes ; nous pouvons dire qu'elle possède cinq facultés qui sont l'intelligence, la mémoire, les émotions, la conscience et la volonté. Chacun de nous possède ces facultés et, bien qu'elles soient assujetties à un cœur pécheur, elles donnent encore un aperçu plus ou moins net de ce que nous devrions être. Elles sont les pâles vestiges de ce qu'était l'homme fait à l'image de Dieu. Dans ce chapitre, nous nous intéresserons essentiellement à ce que devient la conscience une fois que Dieu a touché le cœur et que Christ y habite.

Un dictionnaire théologique définit la conscience ainsi :

> «C'est la faculté humaine qui permet de distinguer ce qui est bien de ce qui est mal dans le domaine moral, qui incite l'homme à faire ce qui est bien et le freine dans l'accomplissement de ce qu'il reconnaît comme mal, qui juge ses actions et les sanctionne dans son âme. La fonction de la conscience est triple : d'abord elle est contraignante. Elle pousse l'homme à faire ce qu'il considère comme bien et à ne pas faire ce qui est mal. Ensuite, la conscience est judiciaire. Elle juge les décisions et les actions de l'homme. Enfin, elle est exécutive. Elle prononce un jugement dans le cœur de l'être humain. Elle condamne ses actions lorsqu'elles s'opposent à ses convictions en créant dans son cœur le tourment, la détresse, la honte ou le remords. Elle le félicite lorsqu'il a agi conformément à ses recommandations.»

Chez la personne non régénérée

La conscience agit comme un garde ou une sentinelle dans notre âme ; elle peut être très active même chez le non chrétien. Dans sa grâce, Dieu a imposé des limites à l'expansion du mal et a accordé certaines faveurs aux hommes. C'est pourquoi il y a des hommes et des femmes de bonne conscience qui vivent selon des règles morales élevées, même si l'orgueil affecte immanquablement leurs actions.

En revanche, on peut évidemment aussi montrer des exemples de comportement brutal et cruel qui laisseraient à penser que les individus en question n'ont pas de conscience. C'est bien ce qui semble caractériser notre époque. Il serait cependant faux d'affirmer que ces gens sont dénués de toute conscience. Il convient donc de se demander ce qui a pu se produire dans ces exemples de profonde dégradation. L'Écriture parle de ceux qui s'attachent «à des esprits séducteurs et à des doctrines de démons, par l'hypocrisie de faux docteurs portant la marque de la flétrissure dans leur propre conscience»

(1 Timothée 4:2). Ce passage fait allusion à une sorte de cautérisation spirituelle consécutive à une résistance constante à la voix de la conscience. Celle-ci voit son activité de plus en plus limitée, affaiblie et totalement paralysée pour finir. La conscience ne semble plus gêner ces personnes qui n'entendent même plus sa voix.

Chez les chrétiens

Il en va tout autrement quand la grâce de Dieu a touché le cœur humain et a sanctifié toutes les facultés de l'âme. La conscience se réfère alors à une autre norme car l'étalon du jugement est radicalement différent. Dans l'œuvre de la grâce qui nous a fait passer de la mort spirituelle à la vie spirituelle, la conscience, tout comme l'âme, a subi une profonde transformation qui l'oriente dans une nouvelle direction et lui donne pour repère l'action divine en nous. Sous l'effet de la grâce de Dieu, la conscience s'engage dans une autre voie :

> «Combien plus le sang de Christ, qui, par l'Esprit éternel, s'est offert lui-même sans tache à Dieu, purifiera-t-il votre conscience des œuvres mortes, afin que vous serviez le Dieu vivant !» *(Hébreux 9:14)*

Chez le chrétien, la Parole de Dieu prend toute son importance. C'est pourquoi, lorsque Dieu agit en nous, il est très difficile de faire taire la voix de la conscience.

Parce qu'il est toujours le réceptacle de la grâce divine, même le chrétien qui s'égare ne peut réduire sa conscience au silence, quelle que soit l'ampleur de sa désobéissance. Le chrétien a beau intercaler une grande distance entre Dieu et lui, s'il appartient vraiment au Seigneur, il ne sera jamais heureux. Quels que soient les plaisirs coupables auxquels il s'adonne dans ce monde pécheur, il reste profondément malheureux intérieurement. Le seul moyen de retrouver sa joie consiste pour lui à écouter la voix de sa conscience, à suivre ses conseils et à retrouver le chemin de l'obéissance.

La vie chrétienne présente de nombreux avantages, mais le plus important pour connaître une joie pleine et entière consiste à avoir une conscience pure. Avec l'aide de la grâce divine, la conscience joue un rôle actif dans notre croissance spirituelle. Nous sommes chargés de maintenir l'équilibre entre l'action de Dieu en nous d'une part et notre coopération et activité spirituelle d'autre part. Il nous appartient de ne jamais étouffer la voix de la conscience lorsqu'elle s'appuie sur les principes de l'Écriture. Il est primordial d'avoir une conscience pure pour guider nos actions et nous empêcher d'attrister le Saint-Esprit.

Dans sa deuxième lettre aux Corinthiens, l'apôtre Paul adresse un vibrant appel à la conscience de ses destinataires. Il leur rappelle que s'ils n'ont plus à craindre le châtiment éternel au grand jour du jugement, ils seront néanmoins jugés devant le tribunal de Christ. Nous aurons à rendre compte de l'usage que nous aurons fait de la grâce divine depuis notre conversion. Certes, notre rédemption, le salut de notre âme, est assurée à cause de l'œuvre de Jésus-Christ qui a accompli la Loi de Dieu et payé la dette de notre péché à notre place. Notre vie chrétienne sera néanmoins examinée et évaluée :

> «Car il nous faut tous comparaître devant le tribunal de Christ, afin que chacun reçoive selon le bien ou le mal qu'il aura fait, étant dans son corps. Connaissant donc la crainte du Seigneur, nous cherchons à convaincre les hommes ; Dieu nous connaît, et j'espère que dans vos consciences vous nous connaissez aussi» *(2 Corinthiens 5:10,11).*

Dans notre vie chrétienne, nous devons donc plutôt aiguiser notre conscience que l'émousser, autrement la pensée du jour de Christ pourrait nous plonger dans l'angoisse en prévision de la honte que nous risquerions d'éprouver alors. Ne rien faire et vivre dans la crainte constante nous attireraient un autre reproche qui viendrait s'ajouter déjà à tous ceux que nous méritons. Le meilleur remède consiste donc à réfléchir de façon positive et à aller de l'avant en menant notre vie chrétienne à la gloire de Dieu. Pour cela, il est indispensable que nous conservions et entretenions une bonne conscience.

Notre vie avec Dieu est une merveilleuse expérience. C'est une marche quotidienne en communion avec lui dans la vive attente du jour inouï où nous serons avec lui dans la gloire, dans une parfaite relation de sainteté et d'amour. Chaque journée est adoucie par la présence assurée du Seigneur si nous respectons ces règles simples. La conscience est le lieu où nous sentons le mieux les pulsions de Dieu qui incitent celle-ci à s'élever davantage encore. Cela s'accompagne d'un sentiment de pureté et de vie irréprochable. Nous ne permettrons plus alors à d'autres mobiles de dicter notre comportement ou de faire des remarques que nous savons blessantes pour autrui.

Le Seigneur décrivit Nathanaël comme un homme sans fraude. Rien que le fait de ne pas frauder, de refuser la duplicité et d'être animé de motivations pures procure une joie particulière. C'est le reflet d'une marche main dans la main avec Dieu, car il n'y a point en lui de fraude. Impossible de trouver en lui une quelconque duplicité : «Toute grâce excellente et tout don parfait descendent d'en-haut, du Père des lumières, chez lequel il n'y a ni changement ni ombre de variation» *(Jacques 1:17)*. Si nous voulons marcher en harmonie avec Dieu, nous devons le faire dans cet esprit. Une mauvaise conscience assombrit notre relation avec Dieu comme un ciel nuageux annonciateur d'orage. En revanche, une bonne conscience maintient le ciel dégagé et permet au soleil des bontés divines de briller sur nous.

Il ne fait aucun doute que le chrétien sera éprouvé dans cette présente vie ; il est alors triste quand les non chrétiens trouvent quelque chose à redire à sa façon d'être et de vivre. De toutes façons, il sera critiqué, mais Pierre précise alors une chose très utile :

> «Mais sanctifiez dans vos cœurs Christ le Seigneur, étant toujours prêts à vous défendre avec douceur et respect, devant quiconque vous demande raison de l'espérance qui est en vous, et ayant une bonne conscience, afin que, là même où ils vous calomnient comme si vous étiez des malfaiteurs, ceux qui décrient votre bonne conduite en Christ soient couverts de confusion. Car il vaut mieux souffrir, si telle est la volonté de Dieu, en faisant le bien qu'en faisant le mal» *(1 Pierre 3:15-17)*.

C'est une excellente chose d'avoir une bonne conscience et de mener, autant que possible, une vie irréprochable qui soit à la fois inoffensive et inattaquable.

Nous ne cherchons pas la faveur des hommes, mais nous avons cependant le souci de vivre de façon exemplaire devant eux. Nous voulons plaire à Dieu et défendons jalousement sa gloire. L'apôtre Paul décrit le chrétien comme un vase de terre qui laisse passer la lumière de Dieu. Cette image peut faire référence à deux choses.

Lorsque les légions romaines rentraient victorieuses, elles ramenaient avec elles des trophées et des trésors pris dans les palais de leurs ennemis. Elles les transportaient dans d'énormes récipients en terre cuite. Les vases eux-mêmes n'attiraient pas le regard ; ils n'étaient que les contenants d'un chargement précieux et sans prix.

L'autre aspect de l'image est celle d'un bougeoir sans aucune valeur en soi mais qui est pourtant indispensable pour permettre à la lumière de percer les ténèbres et d'éclairer les hommes. Ceux-ci attachent de l'importance à la lumière et non au chandelier. Nous faisons fonction de récipients de terre, mais notre valeur tient au fait que Dieu est en nous, lui qui est la lumière et l'espérance de notre salut.

> «Car Dieu, qui a dit, La lumière brillera du sein des ténèbres ! a fait briller la lumière dans nos cœurs pour faire resplendir la connaissance de la gloire de Dieu sur la face de Christ. Nous portons ce trésor dans des vases de terre, afin que cette grande puissance soit attribuée à Dieu, et non pas à nous» *(2 Corinthiens 4:6,7).*

Sa lumière brille en nous dans le reflet de sa personne et dans la mesure où la clarté de sa vérité se manifeste dans notre vie.

Si nous marchons en communion avec Dieu, notre conscience acquiert une nouvelle sensibilité comme résultat de la nature divine en nous. Rien sur la terre n'est en mesure de produire ce résultat. Seule la véritable vie divine qui remplit et enthousiasme notre âme le peut. Ce sage petit garde appelé conscience nous relie au cœur même de Dieu. Grâce à lui, le péché nous apparaît de plus en plus horrible, ainsi que la sainteté et la piété de plus en plus sublimes. Qui peut expliquer ce changement ? Tout ce que nous pouvons faire est de dire aux autres ce qu'il représente pour nous et où nous avons trouvé cette grâce. Aux yeux du monde, la piété restera toujours un mystère, mais dans un sens, elle l'est également pour le croyant. Notre devoir est de rechercher Dieu et de lui obéir en «conservant le mystère de la foi dans une conscience pure» *(1 Timothée 3:9).* En nous attachant à la piété, nous nous attachons du même coup à Dieu et lui à nous.

«O Jésus, Roi des plus merveilleux,
Toi, le conquérant le plus glorieux,
L'être doux le plus ineffable,
Source des joies les plus inestimables.

«Lorsque tu viens toucher le cœur,
Alors commence à luire la vérité
Et disparaissent les terrestres vanités,
Remplacées par l'amour du Seigneur.

«O Jésus, lumière éblouissante,
Source d'ardeur et de vie abondante,
Tu surpasses toutes les joies passées
Et tout ce que je pourrais désirer.

«Que tous confessent ton nom merveilleux,
Et t'adorent à jamais, Saint Fils de Dieu !
Que celui qui te cherche de tout son cœur
Te découvre davantage comme Seigneur.

«Que notre bouche te bénisse à jamais !
Que notre cœur vibre pour toi !
Et que notre être reflète désormais
L'image de l'auteur de notre foi !

«Accorde-nous durant notre pèlerinage ici-bas
De connaître et de sentir ton amour illimité
Pour qu'une fois accueillis dans tes bras
Nous puissions contempler ton ineffable beauté.»

8

L'intelligence, les pensées

«Or nous, nous avons la pensée de Christ.»
(1 Corinthiens 2:16)

Dans sa première épître, l'apôtre Jean décrit la vie chrétienne comme une vie de communion avec Dieu, c'est-à-dire une marche dans la lumière et la présence de Dieu. Pour que cette intimité ait un sens, il faut de la part du chrétien une franchise, une honnêteté vis-à-vis de Dieu qui peut être assimilée à une transparence. «Si nous marchons dans la lumière, comme il est lui-même dans la lumière, nous sommes mutuellement en communion, et le sang de Jésus son Fils nous purifie de tout péché» *(1 Jean 1:7)*. Nous sommes alors sûrs d'être en vraie communion avec notre Père céleste. Dans cette activité, l'intelligence joue un rôle important.

Souvenons-nous des remarques que nous faisaient certains de nos professeurs lorsque nous étions à l'école : «Tu es capable de bien faire si seulement tu te concentres sur ton travail.» Le chrétien doit, lui aussi, faire travailler sa matière grise. Ce que nous pensons influence nos attitudes et tout le cours de notre vie. Le chrétien a la pensée de Christ ; à ce titre, il est le partenaire d'un merveilleux compagnon, Dieu lui-même. Il doit réfléchir sérieusement et demander à Dieu la faculté d'accomplir les désirs divins.

Que dit l'Écriture au sujet de notre intelligence ? Bien qu'elle soit une des facultés de l'âme ou l'une des manifestations de ses activités, l'intelligence est proche du cœur ou de l'esprit, le noyau de l'âme. Parfois, les mots «cœur» et «intelligence» sont utilisés de façon interchangeable, mais c'est toutefois la condition qui prévaut au centre de l'âme qui régit l'intelligence.

Dans la vie de l'inconverti, la condition spirituelle de l'âme est bien triste. Peu importe que la personne en question possède une intelligence supérieure et réussisse brillamment tous ses examens, ou qu'elle ait des facultés intellectuelles très moyennes. Dans les deux cas, l'intelligence pécheresse a besoin du même remède. Si nous sommes dans cet état, c'est à cause de la chute, du péché d'Adam, du péché originel.

Tous les humains sans exception se trouvent dans cette condition qui touche tous les aspects de leur vie.

L'intelligence joue un rôle important. Elle est cependant sans force tant que la grâce de Dieu n'a pas touché le cœur et remplacé le principe de la mort par celui de la vie, et le principe du péché par celui de la sainteté. Il faut donc qu'un changement s'opère dans le cœur avant que l'intelligence ne soit transformée à son tour.

> «Vous étiez morts par vos offenses et par vos péchés dans lesquels vous marchiez autrefois, selon le train de ce monde, selon le prince de la puissance de l'air, de l'esprit qui agit maintenant dans les fils de la rébellion. Nous tous aussi, nous étions de leur nombre, et nous vivions autrefois selon les convoitises de notre chair, accomplissant

les volontés de la chair et de nos pensées, et nous étions par nature des enfants de colère, comme les autres» *(Éphésiens 2:2,3).*

Une telle condition rend l'intelligence inapte à penser spirituellement, et totalement incapable d'entrer en communion avec Dieu.

L'intelligence peut toutefois acquérir des connaissances générales dans le domaine de la vie chrétienne et même adhérer à un système moral strict. Elle ne peut cependant pas imaginer ni comprendre la vraie nature de la foi chrétienne tant que Dieu n'aura pas touché le cœur et illuminé l'intelligence. Celle-ci ne devient pas pour autant subitement brillante, capable de résoudre les problèmes mathématiques ou scientifiques les plus ardus. Le changement ne s'opère pas dans cette direction. Pourtant, il s'est bien produit une transformation qui lui permet d'avoir des idées claires sur des sujets éternels. Cette illumination métamorphose toutes choses.

Le Seigneur et Sauveur Jésus-Christ est le premier objet de délice et de beauté qui se présente à l'intelligence. A partir de cet instant, l'intelligence peut affirmer qu'elle possède la pensée de Christ et qu'elle peut raisonner spirituellement. Les épîtres décrivent ce miracle de plusieurs façons ; elles déclarent que d'étrangers et d'ennemis, nous sommes devenus les héritiers de Dieu, les cohéritiers de Christ, les citoyens du ciel. Pour en arriver là, il n'est pas étonnant que l'intelligence ait dû subir une transformation si radicale.

Toutes nos difficultés n'ont pas disparu pour autant. En effet, pour avoir vécu si longtemps dans les griffes du péché, l'intelligence s'est habituée à raisonner de façon pécheresse. Mais il y a désormais une raison pour que cela change, car elle a reçu une faculté nouvelle qu'il faut encourager et exercer. C'est important, car l'intelligence joue un rôle vital dans notre marche spirituelle. C'est elle qui alimente les émotions avec des pensées qui provoquent la détresse ou la joie. C'est elle qui propose à la volonté l'enchaînement des actions à accomplir. Il n'y a qu'une direction à suivre, celle qui mène vers le ciel, qu'une destination à atteindre, Dieu lui-même.

Comment gérer les pensées indignes et critiques qui assaillent notre esprit ? Comment chasser les pensées qui nous distraient lorsque nous nous efforçons de lire la Bible et de prier ? Nous nous rendons bien compte à de tels moments que notre intelligence est agressée et que nos pensées s'égarent.

Ce sont parfois des suggestions mauvaises de Satan qui viennent à la frontière de notre intelligence, ou nos propres désirs coupables qui sont tapis au profond de nous-mêmes, prêts à bondir et à refaire surface. Il suffit d'un moment d'inattention où nous baissons la garde pour que ces pensées fassent irruption dans notre esprit. Après-coup nous nous sentons malheureux et tristes d'avoir entretenu ces pensées coupables et de nous être ainsi éloignés de Dieu. L'Écriture ne manque pas de donner un bon conseil à suivre dans cette situation, et nous constaterons vite son efficacité :

> «Car les armes avec lesquelles nous combattons ne sont pas charnelles ; mais elles sont puissantes, par la vertu de Dieu, pour renverser des forteresses. Nous renversons les raisonnements et toute hauteur qui s'élève contre la connaissance de Dieu, et nous amenons toute pensée captive à l'obéissance de Christ» *(2 Corinthiens 10:4,5).*

De cette manière nous découvrons qu'une progression se produit dans notre vie de chrétiens. Notre intelligence est active dans notre marche avec le Seigneur. Nous devons être sur nos gardes et veiller sur notre âme.

Dans la première prière que contient sa lettre aux Éphésiens, l'apôtre Paul demande que les croyants progressent en sagesse et en connaissance :

> «Qu'il illumine les yeux de votre cœur, pour que vous sachiez quelle est l'espérance qui s'attache à son appel, quelle est la richesse de la gloire de son héritage qu'il réserve aux saints» *(1:18).*

Il y a d'abord le toucher initial de Dieu sur l'âme, puis une illumination progressive qui permet à notre intelligence de saisir de plus en plus la vérité divine. Cela réclame une détermination à en finir avec tout ce qui appartient aux ténèbres spirituelles et à suivre Dieu. Dans cette œuvre quotidienne, Dieu nous assiste en nous revêtant de sa grâce. L'intelligence n'est plus prisonnière du péché, mais elle est capable de coopérer avec Dieu et de démontrer ce que signifie avoir la pensée de Christ.

Au douzième chapitre de sa lettre aux Romains, Paul adresse un vibrant appel à ceux qui ont expérimenté les compassions de Dieu dans le salut et trouvé la paix en lui :

> «Je vous exhorte donc, frères, par les compassions de Dieu, à offrir vos corps comme un sacrifice vivant, saint, agréable à Dieu, ce qui sera de votre part un culte raisonnable. Ne vous conformez pas au siècle présent, mais soyez transformés par le renouvellement de l'intelligence, afin que vous discerniez quelle est la volonté de Dieu, ce qui est bon, agréable et parfait» *(vv. 1,2)*.

C'est une invitation pressante à mener une vie de sacrifice, une vie de piété, une vie littéralement transformée. Son secret réside dans le renouvellement de l'intelligence dont Dieu a pris le contrôle, qu'il fortifie journellement et renouvelle pour l'accomplissement des tâches qui sont devant elle. Lorsque Dieu opère cette œuvre, nous sommes alors capables de répondre à cet appel.

Le but évident de Satan est de nous maintenir dans ses griffes et de nous empêcher de connaître un raisonnement clair capable de comprendre de façon spirituelle. 2 Corinthiens 4:4 fait allusion à l'aveuglement de l'intelligence des incroyants qu'il opère pour qu'ils ne puissent voir la clarté de l'Évangile de gloire. Satan ne peut toutefois pas maintenir plus longtemps les chrétiens dans l'obscurité, car Dieu donne la vue à leurs yeux qui en étaient privés. Mais l'ennemi peut toujours nous jeter de grandes poignées de poussière dans les yeux en détournant notre attention par quelque ancien péché tenace. Efforçons-nous de conserver une intelligence pure, sachant que si nous sommes animés de cette ferme résolution, Dieu ne nous laissera jamais tomber.

Plus nous considérons la personne de Christ, plus la qualité de nos pensées s'élèvera. Paul exhorte les Philippiens à avoir en eux «les sentiments qui étaient en Jésus-Christ» *(2:5)*. L'apôtre décrit ensuite les souffrances du Seigneur Jésus-Christ qui a accepté volontairement de subir une telle mort à notre place. Ainsi, tout en étant le châtiment mérité par nos péchés, le sacrifice du Calvaire constitue aussi un exemple parfait de soumission à la volonté du Père et d'obéissance totale au plan divin et au jugement qui l'attendait. Il nous incombe à nous aussi d'être animés des mêmes pensées d'obéissance à Dieu et d'accepter de bon cœur et avec joie de le servir, même si cela exige notre sacrifice.

Si l'angoisse nous étreint, alourdit notre cœur et déclenche une tempête dans notre esprit, allons vers le Seigneur qui nous invite à lui faire part de toutes nos préoccupations et à nous décharger sur lui de tous nos soucis. Il y a des moments où nous avons du mal à nous concentrer sur des sujets spirituels ou à prier. Ce n'est pas à cause d'un péché ou d'une distraction insensée mais à cause d'un vague sentiment d'anxiété. Mais cela ne nous empêche pas d'appeler au secours et de trouver les directives pour réagir sainement. Le Seigneur nous encourage dans sa Parole : «Ne vous inquiétez de rien» *(Philippiens 4:6)*. Que rien ne vienne troubler notre paix et ôter notre joie.

Si la lassitude persiste, parlons-en à Dieu qui ne nous abandonne ni ne nous délaisse jamais. Quand finalement nous venons à lui avec notre besoin d'assistance, il vient à notre aide et nous met au bénéfice de sa précieuse promesse : «La paix de Dieu, qui surpasse toute intelligence, gardera vos cœurs et vos pensées en Jésus-Christ» *(4:7)*. Dieu nous garantit sa sauvegarde dans ces moments de trouble. C'est comme s'il tenait le gouvernail de notre embarcation. Quelle promesse !

Son premier mot à notre intention est «paix», car il sait à quel point nous avons besoin d'être en paix, et la qualité de sa paix surpasse toute compréhension. Il s'agit de la paix dont le Seigneur a dit à ses disciples qu'elle n'était pas fragile et éphémère comme celle du monde. Sa paix calme la tempête qui fait rage dans le cœur et fait taire la panique qui agite l'esprit. C'est la paix de Dieu qui accompagne la poursuite de son œuvre en nous.

«Quel ami fidèle et tendre nous avons en Jésus-Christ,
Toujours prêt à nous entendre, à répondre à notre cri !
Il connaît nos défaillances, nos chutes de chaque jour.
Sévère en ses exigences, il est riche en son amour...

> *«Toujours prêt à nous apprendre à vaincre en comptant sur lui !*
> *S'il nous voit vrais et sincères à chercher la sainteté,*
> *Il écoute nos prières et nous met en liberté.»*

La Bible donne des directives précises sur l'orientation que nous devons donner à nos pensées, car celles-ci ont facilement tendance à s'éloigner des choses de Dieu :

> «Au reste, frères, que tout ce qui est vrai, tout ce qui est honorable, tout ce qui est juste, tout ce qui est pur, tout ce qui est aimable, tout ce qui mérite l'approbation, ce qui est vertueux et digne de louange, soit l'objet de vos pensées» *(Philippiens 4:8).*

Dans nos pensées, l'honorable doit remplacer le déshonorant, l'équité et la justice doivent supplanter l'injustice et la critique négative, les idées et les motivations impures qui exercent une force contraignante puissante doivent s'estomper devant la pureté du cœur et de l'esprit dans lesquels il n'y a plus de place pour de mauvaises pensées. Que la beauté de Christ remplace les tableaux laids de la vie que sont la déformation et la destruction par l'homme de tout ce qui est bon.

Le fait de pouvoir nous réjouir de ce qui est bon, vertueux et digne de louange correspond à une toute nouvelle perspective des choses ; c'est un privilège que le chrétien hérite du Seigneur lui-même, par l'intermédiaire de l'enseignement donné par Paul et d'autres à travers les âges. La récompense en vaut vraiment la peine : «Le Dieu de paix sera avec vous» *(v.9).* Il ne peut y avoir de plus grande consolation que d'avoir la paix de l'esprit et de jouir de la communion du Dieu de paix.

> *«Jésus-Christ est ma sagesse,*
> *Il éclaire mon chemin,*
> *Et je marche en ma faiblesse,*
> *Conduit par sa sûre main...*
> *Jésus-Christ est ma justice,*
> *Son sang a coulé pour moi ;*
> *Je trouve en son sacrifice*

Paix et pardon par la foi...
Jésus-Christ me sanctifie ;
Au divin Cep attaché,
Je reçois de lui la vie
Qui m'affranchit du péché...
Jésus, en payant ma dette,
A grand prix m'a racheté,
Près de lui ma place est prête
Au ciel, pour l'éternité.»

9

La volonté

«C'est pourquoi ne soyez pas inconsidérés, mais comprenez quelle est la volonté du Seigneur.» *(Éphésiens 5:17)*

Chaque fois que nous prenons une décision, elle résulte d'un acte de la volonté qu'on peut décrire comme l'aboutissement d'un processus dans lequel la volonté agit en servante de l'âme. L'intelligence a commencé par examiner le sujet, et des sentiments se sont probablement mêlés à cet examen, surtout s'il s'agit d'une affaire importante. Puis il appartient ensuite à la volonté de trancher. On parle de personnes qui ont une volonté forte ou faible pour désigner quelqu'un d'opiniâtre ou d'inflexible ou facilement influençable. La plupart d'entre nous se situent entre ces deux extrêmes.

La volonté est la faculté qui décide d'une action à entreprendre ; une fois la décision prise, elle est irréversible. Parfois cette décision est juste et oriente la personne dans la bonne direction. D'autres fois, elle est franchement mauvaise et entraîne des tourments sans fin et des désagréments à beaucoup de monde.

La volonté chez l'homme pécheur

Chez l'homme ordinaire et naturel, la volonté est au service et l'expression du cœur pécheur. La recherche de l'avantage personnel la motive, et elle s'irrite contre ce qui fait obstacle à ses desseins. Prenons l'exemple d'un petit enfant. Il a beau être mignon et attachant, s'il n'est pas éduqué correctement, il deviendra vite têtu et enclin au mal. La volonté ne tarde pas à manifester l'influence du péché originel présent en lui.

Il en est ainsi de tout être humain qui cherche à suivre ses propres voies, quelles qu'en soient les conséquences fâcheuses pour le bien-être d'autrui. C'est aussi ce qui se passe au niveau des nations du monde, car la volonté de l'homme est gouvernée par une nature déchue qui se manifeste aussi bien sur une échelle réduite que sur une grande échelle.

Il existe un jeu de boules où celles-ci sont d'un volume plus grand que d'habitude et dans lesquelles on a placé un poids excentré. Le jeu consiste à lancer la boule pour qu'elle s'arrête le plus près possible du cochonnet.

Or, à cause d'une masse qui n'est pas uniformément répartie, la boule ne suit pas un trajet rectiligne, mais à un moment ou à un autre, le poids excentré faussera la trajectoire. Le joueur est donc obligé d'en tenir compte et de donner à la boule une direction ou un mouvement qui corrigent son défaut et lui permettent néanmoins de s'immobiliser près de sa cible.

Il en est de même de notre comportement. Notre penchant pour le péché se manifestera et nous fera tristement manquer la cible. Combien de fois n'avons-nous pas promis de nous améliorer, sans pourtant y parvenir. Pourquoi ? Parce qu'un cœur pécheur cherche toujours son propre avantage.

La volonté du Seigneur Jésus

L'Écriture nous présente quelqu'un de très différent. Le Seigneur Jésus se dirigea résolument vers Jérusalem, sachant très bien ce qui l'y attendait. Bien que Fils de Dieu, sur terre il se plaça sous la volonté de son Père et se plut dans l'obéissance : «Car je suis descendu du ciel pour faire, non ma volonté, mais la volonté de celui qui m'a envoyé» *(Jean 6:38)*. C'est dans le jardin de Gethsémané et dans le sacrifice à la fois terrible et merveilleux que Jésus allait offrir sur le calvaire en mourant à notre place que nous voyons le mieux sa soumission volontaire au plan éternel de Dieu et à sa glorieuse volonté.

La scène est profondément touchante. Le ciel dut retenir son souffle alors que commençait le grand acte rédempteur du calvaire. Le Seigneur s'était retiré dans le jardin où il pria ces paroles étonnantes : «Père, si tu voulais éloigner de moi cette coupe ! Toutefois, que ma volonté ne se fasse pas, mais la tienne !» *(Luc 22:42)* Nous ne pouvons pas pénétrer dans les profondeurs de l'expérience que Christ vécut à Gethsémané, mais nous avons quelques indications de ce qu'il a souffert.

Il avait certainement présente à l'esprit la description que le prophète Ésaïe avait donnée du Messie, qui serait blessé et écrasé en se chargeant de nos iniquités : «Il était blessé pour nos péchés, brisé pour nos iniquités ; le châtiment qui nous donne la paix est tombé sur lui, et c'est par ses meurtrissures que nous sommes guéris» *(53:5)*. Nul doute qu'il était également très conscient de l'abandon dans lequel il serait plongé, conformément aux paroles du Psaume 22:2 : «Mon Dieu ! mon Dieu ! pourquoi m'as-tu abandonné ?» De plus, Satan lança à ce moment-là toutes ses forces dans la bataille contre le Fils de Dieu en l'abreuvant d'une haine particulière. La nature humaine de Christ se repliait dans l'horreur devant le contenu de la coupe que Dieu lui tendait. Pourtant, nous voyons Jésus-Christ montrer son obéissance divine et absolue à la volonté de Dieu en acceptant de s'engager sur le chemin que le Père avait tracé et qui aboutissait à la croix de Golgotha.

Nous retrouvons cette même vérité exposée en Philippiens 2:8 : «Il s'est humilié lui-même, se rendant obéissant jusqu'à la mort, même jusqu'à la mort de la croix.» Une telle obéissance confond nos pensées et notre imagination. Cette décision prise dans le jardin de soumettre sa volonté à celle du Père a conduit le Seigneur au calvaire où nous voyons les effets de son obéissance. La justice divine est satisfaite, l'enfer vaincu, les pécheurs pardonnés.

La volonté chez le chrétien

Lorsqu'un enfant est entêté, il a besoin d'être guidé et dirigé plutôt qu'écrasé. Ce n'est pas la volonté de Dieu d'écraser ses enfants jusqu'à ce qu'ils n'aient plus de volonté propre. Telle n'est certainement pas son intention.

Vous avez sans doute déjà vu des scènes du Far-West où un cow-boy tente de dompter un cheval fougueux qui a déjà désarçonné plus d'un cavalier par ses sauts et ses ruades. Cette fois-ci, le cheval a trouvé son maître. Le héros a réussi à ne pas se laisser éjecter de sa selle et conduit calmement et triomphalement le cheval dans l'arène. Le cheval est-il devenu inutile parce que soumis ? Au contraire, il l'était dans son insoumission, parce qu'il dilapidait son énergie et ses forces dans un comportement sauvage et incontrôlé. Le cheval dompté possède toujours la même énergie, mais il la met au service de son maître qu'il accepte de transporter sur de longues distances, comme si la monture et son cavalier ne faisaient plus qu'un.

De même, la volonté rebelle trouve son maître en Christ qui, désormais, contrôle l'énergie de l'homme et l'oriente dans les voies de la grâce. La volonté de l'homme n'est pas écrasée mais sanctifiée et elle apprend à faire la volonté de son maître.

Reprenons l'illustration du dressage du cheval. Une fois que le maître a dompté l'animal, il doit lui témoigner beaucoup de patience pour lui inculquer d'autres habitudes et attitudes. Que de patience il faut au dresseur et au cavalier jusqu'à ce que le cheval sache négocier les obstacles ! Le maître et l'animal ont besoin de se connaître avant que le second commence à réagir positivement aux paroles d'encouragement et aux félicitations de son maître, et soit prêt à le servir.

L'illustration souligne un point important, mais la volonté de l'homme n'est pas un simple cheval. Pendant longtemps, elle n'en a fait qu'à sa tête et n'accepte donc pas facilement de se soumettre à une autre autorité. Même lorsque le pécheur s'est soumis à Christ par la foi, et que son intelligence, ses affections et sa volonté ont confirmé le désir du cœur de faire confiance au Sauveur, il reste beaucoup à apprendre concernant la volonté de Dieu dans notre vie. La volonté rebelle relève parfois fièrement la tête, même chez un enfant de Dieu.

Le roman de la grâce est une histoire fascinante. Dieu en est l'auteur et il agit calmement mais fermement pour qu'elle s'achève par son triomphe. Il ne cesse de nous enseigner. Quand nous sommes particulièrement rétifs et hostiles à suivre ses voies, estimant que l'obéissance est trop coûteuse et exige trop de sacrifices, il dispose d'autres moyens pour nous faire accepter sa volonté.

La discipline

Tous les parents ont le désir naturel de voir leurs enfants devenir des jeunes adultes bien élevés. Notre amour est la raison derrière ce désir. Parfois, cet amour nous coûte lorsque nous sommes obligés de les corriger. Un bon parent ne disciplinera jamais son enfant par méchanceté ou colère, par désir de lui nuire ou de lui faire du mal. N'en est-il pas de même pour Dieu qui veut faire de nous des êtres plus que vainqueurs ? Il veut que nous le glorifiions et que nous trouvions notre bonheur éternel en lui.

> «Vous avez oublié l'exhortation qui vous est adressée comme à des fils, mon fils, ne méprise pas le châtiment du Seigneur, et ne perds pas courage lorsqu'il te reprend ; car le Seigneur châtie celui qu'il aime, et il frappe de la verge tous ceux qu'il reconnaît pour ses fils. Supportez le châtiment, c'est comme des fils que Dieu vous traite ; car quel est le fils qu'un père ne châtie pas ?» *(Hébreux 12:5-7)*

Qu'il est terrible d'entendre des parents dire qu'ils abdiquent devant leurs enfants ! Cela signifie qu'ils ne se soucient plus de ce que fait leur enfant ni des ennuis qu'il traverse, parce qu'ils s'en sont lavé les mains. Ce serait encore plus tragique si Dieu renonçait à nous châtier !

Quelle perspective terrifiante ! Quelle désolation indicible ! Cette seule pensée rend ses corrections douces, car elles sont pour notre âme immortelle l'assurance qu'il nous traite comme ses enfants, qu'il n'a pas renoncé et ne renoncera pas à s'intéresser à nous.

Aussi bons que soient les parents et les enseignants, leur patience s'épuise parfois, mais celle de Dieu n'a pas de limite. Il accomplira ses desseins, quand bien même ses voies nous paraîtront étranges. Notre regard est souvent voilé à la réalité des choses parce que nous avons le nez collé dessus. Autrefois, j'ai enseigné dans une école d'art. Je peux donc évoquer une illustration qui a trait à la peinture.

Supposons que vous vous soyez appliqué à peindre pendant des heures et que vous soyez satisfait de votre travail, même si vous ne le dites pas ouvertement. Vous avez le sentiment que c'est beau, très beau même. Vous reculez de quelques pas et constatez alors des imperfections au niveau des ombres mal représentées, ou d'autres défauts encore. Malgré tout, vous restez content de vous. Vous mettez votre chef-d'œuvre de côté pendant quelque temps et, quand vous le reprenez, vous vous rendez compte qu'il y a encore beaucoup à faire pour le rendre parfait. Notre vie chrétienne se déroule au milieu de circonstances qui influencent nos décisions, mais Dieu voit l'ensemble du tableau et guide calmement notre volonté réfractaire. C'est parfois bien plus tard dans cette vie, ou dans celle à venir, que nous lui serons reconnaissants pour sa sagesse et sa patience infinies envers nous.

Permettez-moi de me servir d'un autre exemple dans le domaine de l'art. Je me souviens d'un jour où je suis rentré à la maison avec mes tableaux sous le bras, à la fin du trimestre scolaire. Je suivais alors une formation artistique. J'avais hâte de connaître la réaction de mon père qui était un artiste chevronné. Il observa mon œuvre pendant un certain temps, puis il prit un pinceau et sa palette, et ajouta quelques touches ici et là. Le tableau prit vie ! Puis il me dit avec douceur : «Quand apprendras-tu le rôle de l'ombre et la valeur du jeu des lumières ?» Il avait tellement raison ! Nous n'aimons pas les ombres dans la vie, mais elles contribuent à nous rendre plus tendres et plus sensibles.

N'ayons pas peur de la volonté de Dieu, car il agit jusque dans le détail en vue de notre bien suprême. Faisons confiance à sa volonté parfaite. Sachons que les sombres nuages qui nous inspirent tant de craintes sont chargés de miséricorde et ne tarderont pas à se répandre sur nous en bienfaisantes ondées.

Combien ces mots sont le reflet de notre expérience ! Nous sommes souvent si craintifs ! Nous oublions les grâces passées, nous avons la mémoire terriblement courte. Nous oublions les temps où nous avons été enveloppés d'ombres qui nous ont mûris et ont adouci notre nature. Ne mesurons pas le Seigneur avec la petitesse de nos perceptions, mais ayons pleine confiance en sa grâce. Derrière une providence douloureuse, il cache souvent le sourire de sa face.

Souvenons-nous constamment que les rayons de sa grâce ne nous abandonnent jamais. Dieu nous aime et sait toujours ce qui est le meilleur pour nous. Son dessein ne tardera pas à éclore. Il se développe sans cesse et, si le bouton a un goût amer, la fleur n'en a pas moins de douceur. Dans son aveuglement, l'incrédulité est sûre de s'égarer. Elle explore en vain l'œuvre de Dieu. Le Seigneur est son meilleur interprète et il explique son dessein à la perfection.

Plus les années s'écoulent et plus notre communion avec le Seigneur s'intensifie, plus nous sommes prêts à accepter sa volonté et à comprendre sa sagesse profonde. Nous ne pouvons plus imaginer la vie sans lui. Il remplit nos pensées comme nos jours. Quand nous lui soumettons notre volonté, nous ne renonçons pas à toute initiative personnelle. Loin de là, car nous recevons une nouvelle faculté par une volonté ranimée, renouvelée et refaçonnée. Nous sommes alors en mesure de prendre des décisions spirituelles. Paul en était arrivé à apprécier son emprisonnement qui le rendait libre d'aimer Dieu et de vivre pour sa gloire.

«Rends-moi captif, Seigneur,
De ta volonté sainte !
Ainsi, je braverai l'atteinte
Du mal et de l'erreur !
Je succombe à la peine,
Ah ! garde-moi debout !
Celui que ton amour enchaîne
Seul, triomphe de tout !

«Mon cœur tremble, éperdu,
S'il n'a trouvé son Maître !
C'est toi qui l'es, toi qui dois l'être,
Ou bien je suis perdu !
Oh ! le bonheur suprême
D'être au nombre des tiens !
Je ne suis vraiment à moi-même
Que quand je t'appartiens.

«Seigneur, désarme-moi !
Que sous ta main puissante
Mon âme enfin obéissante
Se soumette à ta loi.
Désormais j'abandonne
Un monde condamné !
Les vrais biens sont ceux que tu donnes
A qui t'a tout donné !»

10

Le pardon

«... vous pardonnant réciproquement, comme Dieu vous a pardonné en Christ.» *(Éphésiens 4:32)*

2 Corinthiens 5:17 présente l'une des descriptions les plus saisissantes du chrétien : «Si quelqu'un est en Christ, il est une nouvelle création. Les choses anciennes sont passées ; voici, toutes choses sont devenues nouvelles.» A première vue ce verset est très beau et très encourageant. C'est vrai. Mais à y réfléchir de plus près, il sous-entend des implications sensationnelles et bouleversantes, car il implique qu'un changement radical du style de vie ait eu lieu. Les anciennes habitudes doivent disparaître et être remplacées par une nouvelle façon de vivre. A travers les siècles, les hommes et les femmes se sont

évertués à trouver un moyen de vivre qui combine l'ancienne façon pécheresse de vivre et la nouvelle, ou du moins un style de vie nouveau qui inclurait un certain pourcentage de l'ancien. Jamais cette quête n'a été aussi évidente qu'aujourd'hui où l'homme accommode l'Évangile d'une manière qui permette au chrétien de vivre en continuant de pratiquer le péché.

Or, la déclaration de Paul contient un principe beaucoup plus radical : nous sommes en Christ, et tous les bienfaits qui en découlent sont nôtres dès maintenant, de même que la gloire à venir. Cela implique que nous sommes virtuellement de nouvelles créations. Nous sommes entrés dans un autre domaine, avons reçu une autre vie, et, avec une assurance et un bonheur inouïs, notre vie a pris une nouvelle direction et s'achemine vers une nouvelle destination. Si nous professons être chrétiens, acceptons la réalité de la vie divine en nous. Notre Sauveur est venu pour que nous ayons cette vie en abondance *(Jean 10:10)*.

Le pardon est l'un des sujets les plus sensibles et les plus délicats à considérer en rapport avec cette vie nouvelle. Lorsqu'on nous a profondément meurtris ou traités injustement et que nous nous sentons cruellement offensés, il nous est très difficile de pardonner de tout notre cœur. A cet égard, nous sommes tous logés à la même enseigne, car il est inévitable qu'à un moment où à un autre, nous nous trouvions dans une situation qui exige le pardon. Cette question concerne les nations comme les individus, mais le chrétien ne peut donner de réponse équivoque. Si les enfants de Dieu se disputent à propos d'une question et se tournent le dos, le rétablissement de la communion et de l'amitié dont ils jouissaient avant représente un sérieux défi.

L'exemple de Jésus

Commençons par observer le Sauveur au cœur même de sa mission sur la terre, lorsqu'il prononça ces paroles inoubliables sur la croix : «Père, pardonne-leur, car ils ne savent ce qu'ils font» *(Luc 23:34)*. Au plus fort de son agonie, au moment où il subissait la sanction suprême que nous méritions à cause de notre péché, où Dieu l'abreuvait de sa colère, il avait cependant le désir et la force de pardonner à ses bourreaux. D'un point de vue humain, il avait toutes les raisons de réclamer la destruction des chefs religieux traîtres, de la foule versatile et de ses lâches disciples, mais il ne le fit pas. Lors de son martyre, Étienne manifesta la même grandeur d'âme que le Seigneur, lorsqu'il supplia Dieu : «Seigneur, ne leur impute pas ce péché !» *(Actes 7:60)*

Même si nous estimions que la mort de Christ sur la croix s'est limitée à l'obtention du pardon, ce serait déjà amplement suffisant pour apaiser notre âme, mais nous savons que la croix se charge d'un sens beaucoup plus profond qui va au cœur de la question du pardon. Nous ne pouvons pas l'ignorer, car il touche fondamentalement tous les aspects de la vie chrétienne.

Le coût du pardon

Le plus grand besoin de l'homme est d'être en règle avec Dieu. A la suite du péché d'Adam et du péché originel qui a marqué et influencé tout être humain depuis, la communion entre Dieu et l'homme est rompue. Nous sommes encore capables de grandes choses et de prouesses remarquables, et, comme le dit l'Écriture, nous sommes des créatures merveilleuses *(Psaume 139:14)*, mais toutes nos actions, même les meilleures, sont souillées par l'une ou l'autre forme de péché qui affecte les aspects les plus grossiers comme les plus nobles de notre nature humaine : «Car tous ont péché et sont privés de la gloire de Dieu» *(Romains 3:23)*.

L'histoire de l'homme individuel et de l'humanité dans son ensemble regorge de preuves de cette vérité. Il suffit de considérer certains des événements tragiques qui se sont produits dans notre récent passé soi-disant éclairé ! Heureusement, Dieu dans sa grâce a conçu un plan glorieux pour voler au secours de la race humaine déchue.

Pour restaurer la communion entre Dieu et nous, il fallait que quelque chose soit accompli en notre faveur. Tous nos efforts, aussi sincères soient-ils, sont voués à un lamentable échec, car Dieu connaît notre cœur incurablement pécheur. La grâce incomparable et le plan de Dieu ont accompli le grand miracle. Le Seigneur Jésus-Christ, deuxième personne de la Trinité, l'égal du Père, a endossé la nature humaine parfaite. Dans la personne de Christ, deux natures s'interpénètrent de façon mystérieuse, ce qui était indispensable, compte tenu de la tâche à accomplir.

Pour minimiser la gravité de leur offense contre Dieu, les êtres humains atténuent sa justice et se font passer pour plus justes qu'ils ne pourront jamais l'être en réalité. C'est ce que faisait le pharisien qui, au temple, étalait ses mérites devant Dieu dans sa prière arrogante *(Luc 18:11,12)*. Or, la Bible déclare clairement que notre salut ne s'obtient «point par les œuvres, afin que personne ne se glorifie» *(Éphésiens 2:9)*.

Qu'a donc accompli le Seigneur Jésus-Christ pour nous ? Tenté par Satan, le Sauveur sans péché a triomphé par ses réponses et ses réactions. Il s'est soumis à la Loi dont il était l'auteur. Il n'avait rien à prouver en agissant ainsi, car il est lui-même pur et saint, mais il le fit pour satisfaire les exigences de Dieu à notre place, notamment le commandement d'aimer Dieu et notre prochain de tout notre être. Ensuite, il prit sur lui nos manquements à observer la Loi divine et, sur la croix, il subit le châtiment et la colère de Dieu à notre place : «L'Éternel a fait retomber sur lui l'iniquité de nous tous» *(Ésaïe 53:6)*.

Les paroles que le Seigneur a prononcées sur la croix révèlent quelque chose de ce profond mystère : «Mon Dieu, mon Dieu, pourquoi m'as-tu abandonné ?» *(Marc 15:34)* En citant ces mots d'introduction du Psaume 22, le Seigneur connaissait la raison de ses souffrances. C'était parce que Dieu, dans sa sainteté, ne peut pas tolérer le péché. Mais notre esprit limité et mesquin a du mal à comprendre toute la signification de l'absolue pureté de la sainteté divine. Il est impossible d'ignorer ou de minimiser le péché, parce qu'il est une injure à une telle sainteté.

L'expérience du Sauveur sur la croix est si profonde que nos explications les plus perspicaces sont encore insuffisantes pour en rendre compte. Christ reçoit de plein fouet toute la colère de Dieu contre le péché, et il l'accepte pour que nous n'ayons pas à subir la sanction correspondante. En ressuscitant Christ trois jours plus tard, Dieu a justifié, approuvé et fait connaître son acceptation du sacrifice de son Fils pour le péché. Gardons toujours à l'esprit que c'était le plan de Dieu et que Christ a offert sa vie pour nous. Il «a été livré pour nos offenses, et est ressuscité pour notre justification» *(Romains 4:25)*.

L'âme éveillée s'extasie à la pensée d'un tel amour.

«O, lumière divine et éternelle
Combien pure doit être l'âme
Quand ton faisceau se pose sur elle
Pour qu'elle ne recule pas
Mais te contemple avec joie.»

L'âme accablée par le poids du péché estime impossible de pouvoir jouir de la sérénité devant Dieu et rester en vie. Elle s'exclame : «Comment puis-je, moi qui suis née dans les ténèbres et dont l'esprit est lourd, paraître devant l'ineffable Dieu ? Comment pourrais-je supporter le regard du Dieu éternel ?»

Mais il existe une voie qui dévoile l'histoire de la grâce et le chemin du salut. C'est une voie par laquelle l'homme peut s'élever vers cette sphère céleste. Il existe une oblation et un sacrifice, une énergie du Saint-Esprit, un Avocat auprès du Père.

Puis suit la repentance et le don de la foi, deux éléments mis en éveil et en activité par la prédication de l'Évangile. Ces expériences nous préparent à pouvoir contempler la sainteté céleste. Alors, les fils de l'ignorance et de l'obscurité que nous sommes sont en mesure d'habiter dans la lumière éternelle grâce à l'amour éternel de Dieu.

L'âme pardonnée, revêtue de la pureté de Christ, en paix avec Dieu et justifiée à ses yeux, doit maintenant faire des progrès dans cette vie nouvelle. Cela ne contredit en rien sa position en Christ, laquelle est entièrement imputable à la foi en lui et à l'acceptation des glorieuses vérités de l'Évangile. Nous sommes entièrement pardonnés et uniquement redevables à la grâce seule.

Par sa relation tendre et précieuse avec Dieu par le Sauveur, le chrétien occupe une position privilégiée. Il peut dire : «En lui nous avons la rédemption par son sang, le pardon des péchés, selon la richesse de sa grâce» *(Éphésiens 1:7)*. Dès lors que nous avons bien mesuré que nous sommes un peuple pardonné, se pose la question suivante : Qu'est-ce qui doit caractériser nos relations avec autrui ? Devons-nous imiter l'exemple d'Étienne quand on le lapidait pour sa foi ? Il pardonnait à ses meurtriers parce que lui-même était un pécheur pardonné. Efforçons-nous d'apprendre cette grande leçon.

Pardonner aux autres

Le Seigneur a enseigné cette leçon de pardon dans une de ses paraboles. Un homme devait dix mille talents à son maître, mais il était incapable de lui rendre cette somme considérable. Le maître, très irrité contre lui, aurait volontiers pris des mesures drastiques à son encontre s'il n'avait pas cédé aux supplications que le débiteur lui adressait en faisant appel à sa miséricorde envers lui-même et sa famille. Le maître lui remit donc la totalité de sa dette. Plus tard, cet homme qui avait bénéficié d'une immense remise de dette rencontra un de ses serviteurs qui lui devait la modeste somme de 100 deniers. Ce serviteur endetté eut beau implorer et demander un sursis pour s'acquitter de sa dette, son créancier ne se laissa pas émouvoir et envisagea de prendre les mesures nécessaires pour obliger l'autre à lui rembourser la somme due. L'entourage fut scandalisé par cette attitude, notamment le maître lorsqu'il apprit que son serviteur à qui il avait accordé un pardon si généreux n'avait pas agi de même à l'égard de celui qui lui devait si peu. L'attitude impitoyable du serviteur provoqua la juste colère du maître qui ordonna finalement de le punir sévèrement *(Matthieu 18:23-35)*.

Le point important de cette parabole est que le serviteur insensé n'avait pas compris la véritable nature du pardon. Et nous, avons-nous appris la leçon ? Si nous avons saisi ce qu'est le pardon, l'exerçons-nous envers autrui ? Paul encourage ceux à qui on a pardonné tant de faire preuve de la même générosité : «Soyez bons les uns envers les autres, compatissants, vous pardonnant réciproquement, comme Dieu vous a pardonné en Christ» *(Éphésiens 4:32)*.

Juste avant de raconter cette parabole, le Sauveur avait déjà entretenu ses disciples du sujet du pardon et avait énoncé certains principes qu'ils devaient observer. Ces principes sont applicables à tous ceux qui veulent les suivre de tout leur cœur. Le type de pardon qui se contente «d'oublier» peut continuer à corrompre le cœur et interdit la restauration d'une authentique communion. Cette attitude peut s'apparenter à un sentimentalisme extérieur qui n'empêche pas d'entretenir de la rancune en dedans. L'offense reste une offense !

Il vaut la peine de prendre note des paroles du Seigneur à ce sujet :

> «Si ton frère a péché, va et reprends-le entre toi et lui seul. S'il t'écoute, tu as gagné ton frère» *(Matthieu 18:15).*

La faute commise contre autrui pousse celui-ci à adopter un comportement offensif susceptible de se manifester dans n'importe quel domaine imaginable. La règle édictée par Jésus ne souffre donc aucune exception. Mais que se passe-t-il si celui qui vous a offensé n'a pas la bonté de vous recevoir ni l'humilité de vous demander pardon ? Jésus poursuit :

> «Mais, s'il ne t'écoute pas, prends avec toi une ou deux personnes, afin que toute l'affaire se règle sur la déclaration de deux ou de trois témoins. S'il refuse de les écouter, dis-le à l'Église ; et s'il refuse aussi d'écouter l'Église, qu'il soit pour toi comme un païen et un publicain» *(vv.16,17).*

A ce moment, Pierre posa la question suivante : «Seigneur, combien de fois pardonnerai-je à mon frère, lorsqu'il péchera contre moi ? Sera-ce jusqu'à sept fois ?» Pierre imaginait sans aucun doute qu'en faisant preuve d'une telle grâce, il était extrêmement généreux.

Mais le Seigneur répondit : «Je ne te dis pas jusqu'à sept fois, mais jusqu'à soixante-dix sept fois sept fois» *(vv.21,22).* Alors Jésus raconta l'histoire du maître miséricordieux, prompt à pardonner, et du serviteur cruel et dur. C'était l'illustration saisissante du principe que Christ avait voulu inculquer : celui qui a été pardonné doit savoir pardonner à son tour.

Dans le passage parallèle de Luc 17, le Seigneur met en relief l'attitude intransigeante et critique des pharisiens et les condamne pour cela. Il est inévitable que des offenses se produisent dans un monde tel que le nôtre, mais combien il nous est facile d'adopter une mauvaise attitude dans notre désir de reprendre les autres. Ce faisant, nous causons un grand tort à ces gens ordinaires et vulnérables. Le disciple de Christ doit se caractériser par un tout autre esprit. En reprenant celui qui l'a offensé, il doit laisser grande ouverte la porte du repentir et de l'acceptation. Le Seigneur souligne que rien ne doit empêcher ou limiter notre pardon. Chaque fois que l'offenseur se repent, nous devons lui pardonner. Le chrétien ne peut se permettre de dire : «C'est la dernière fois que je te pardonne ! Trop, c'est trop !» Il doit opposer à cette tentation un «non» formel et résolu. Pardonnez sans cesse à celui qui se repent.

En Luc 17:3,4 il est écrit : «Prenez garde à vous-mêmes. Si ton frère a péché, reprends-le ; et, s'il se repent, pardonne-lui. Et s'il a péché contre toi sept fois dans un jour et que sept fois il revienne à toi, disant, Je me repens, tu lui pardonneras.» Le Seigneur dicte ainsi une attitude pratique et ferme dans ces situations. Si l'offense n'est pas minimisée mais exposée, le coupable repentant, lui, reçoit toujours le pardon. D'ailleurs, Jésus met sévèrement en garde contre le refus de pardonner : «Il vaudrait mieux pour lui qu'on mette à son cou une pierre de moulin et qu'on le jette dans la mer, que s'il scandalisait un de ces petits» *(v.2)*. Ne cultivons pas un esprit de jugement et le refus de pardonner ; ayons plutôt un cœur toujours prêt à accorder le pardon à celui qui se repent.

Le chrétien n'a pas d'autre solution que d'avoir un cœur qui pardonne vraiment. S'il se montre insensible et négligeant dans ce domaine, il prouve qu'il n'a pas compris la vraie nature de l'Évangile. Ne sommes-nous pas avant tout des pécheurs pardonnés ? La Cène ne nous rappelle-t-elle pas sans cesse que le Seigneur est mort en sacrifice pour notre péché ? Peut-on imaginer s'approcher de la table du Seigneur tout en cultivant de la rancune à l'égard d'un frère ou d'une sœur en Christ, ou en se complaisant dans des pensées non charitables ? Notre présence à cette table contredirait nos dispositions intérieures. Il est indispensable autant que cela dépend de nous de prendre le temps pour rétablir la paix les uns avec les autres avant de célébrer la Cène, cette commémoration tellement chargée de sens spirituel.

Dans un autre exemple, le Seigneur donne des directives claires au sujet du pardon :

> «Mais moi, je vous dis que quiconque se met en colère contre son frère est passible de jugement ; que celui qui dira à son frère, Raca ! mérite d'être puni par le sanhédrin ; et que celui qui lui dira, Insensé ! mérite d'être puni par le feu de la géhenne. Si donc tu présentes ton offrande à l'autel, et que là tu te souviennes que ton frère a quelque chose contre toi, laisse là ton offrande devant l'autel, et va d'abord te réconcilier avec ton frère ; puis, viens présenter ton offrande. Accorde-toi promptement avec ton adversaire, pendant que tu es en chemin avec lui, de peur qu'il ne te livre au juge, que le juge ne te livre à l'officier de justice, et que tu ne sois mis en prison» *(Matthieu 5:22-25).*

Ce passage indique clairement que le chrétien ne doit pas pécher contre son frère et que, lorsque lui-même a été offensé, il doit être disposé à pardonner et à rétablir la communion avec lui. Dans les deux cas, des actions efficaces s'imposent. Celui qui est l'offenseur a le devoir de faire la paix avec l'offensé.

Le Seigneur a détaillé les trois démarches. D'abord une rencontre en tête à tête, ensuite en présence d'un témoin, enfin devant l'église. Si le chrétien a suivi cette procédure, sa responsabilité est dégagée. De son côté, la victime doit être prête, comme le rappelle la parabole, à pardonner au coupable si celui-ci exprime ses regrets et se repent de sa faute. Cette démarche pratique est en accord avec les exigences divines.

Il faut cependant aller encore plus loin et examiner ce qui permet de demander pardon ou de l'accorder. Que le chrétien, coupable ou victime, soit bien accueilli ou non, est essentiellement une affaire de cœur. Il est possible que le fauteur qui souhaite rétablir la paix avec sa victime soit repoussé, ou que celui qui a été offensé trouve le coupable trop indifférent et ne montrant pas assez nettement son changement d'attitude. C'est dans ces circonstances que nous devons nous assurer que notre cœur est droit. Ne donnons à l'amertume aucune occasion d'envahir notre cœur ; si elle a déjà pris racine, éradiquons-la *(Éphésiens 4:31).*

En examinant de près la question de l'offense subie ou causée, nous nous apercevons qu'en fin de compte elle est très liée au «moi». Des vestiges d'influences de notre vieille nature subsistent sur notre sensibilité et entretiennent les plaies, la colère et l'amertume. Nous trouvons toujours des raisons pour justifier notre comportement d'une manière ou d'une autre, ce qui nous permet de nous dissimuler derrière un paravent de justice.

«Comme ce «moi» cruel se débat
Et œuvre en mon sein
Pour se placer entre mon âme et toi
Et m'ôter le repos des tiens !»

Il faut que nous abordions cette question sous l'angle spirituel. L'offense causée ou subie peut être une terrible pierre d'achoppement dans notre marche avec Dieu. Aussi longtemps que nous justifions notre refus de pardonner ou de nous repentir, nous ne pourrons pas regarder l'autre personne dans les yeux. En général, nous accusons tout et tout le monde sauf nous-mêmes, mais notre esprit d'animosité se manifestera de multiples façons. Comment nous en débarrasser et retrouver le bon chemin ?

Examinons-nous sans concession et soyons honnêtes devant Dieu. Le psalmiste a dit :

> «Sonde-moi, ô Dieu, et connais mon cœur ! Eprouve-moi, et connais mes pensées ! Regarde si je suis sur une mauvaise voie, Et conduis-moi sur la voie de l'éternité !» *(Psaume 139:23,24)*

En présence de Dieu, nous comprenons mieux à quel point nous avons été, sommes et serons encore pardonnés. Il ne fait alors aucun doute qu'un grand sentiment de reconnaissance nous envahit. Si nous avons perçu quelque chose du prix payé pour notre salut, et si nous avons apprécié le fait que le Sauveur parfait a porté sur lui toute notre impureté et notre bassesse et qu'il est mort pour nous, comment pouvons-nous rester indifférents, insensibles et inchangés ? C'est pourquoi nous devrions avoir de la considération pour notre frère ou notre sœur et nous dire que, fautifs ou victimes, nous pouvons et devons entreprendre la bonne démarche. Un cœur qui a été fondu par la grâce de Dieu est un cœur nouveau et tendre dans lequel la méchanceté n'a plus de place.

Mais sommes-nous capables par nous-mêmes d'agir comme Dieu nous le demande, c'est-à-dire de pardonner ou demander pardon, d'entretenir un cœur tendre et vouloir rétablir la communion brisée ? Personne ne conteste qu'il s'agit là d'une initiative coûteuse. Quelle différence entre cette attitude et celle qui consiste à couvrir la faute de façon superficielle sans jamais traiter le péché ! Celle-ci ne peut être considérée comme la restauration d'une communion authentique ; elle est plutôt une façon fausse de faire croire à notre générosité d'esprit, mais c'est une générosité qui ne nous coûte rien et qui sous-estime la gravité du péché. Le vrai changement de cœur résulte d'une action délicate et sensible. Elle correspond au vrai désir d'accorder à Dieu la première place dans notre vie de manière à ce que la qualité de notre pardon et de notre soumission manifeste la puissance de la grâce divine en nous. Dans un certain sens, nous n'avons plus le droit de nous complaire dans notre amertume ou dans des sentiments de colère : «Vous avez été rachetés à un grand prix. Glorifiez donc Dieu dans votre corps et dans votre esprit, qui appartiennent à Dieu» *(1 Corinthiens 6:20)*. Christ est mort pour nous afin que nous ne vivions plus pour nous-mêmes, mais pour celui qui est mort et ressuscité pour nous *(2 Corinthiens 5:15)*.

Nous avons cependant besoin d'aide pour nous tenir sur nos gardes, autrement ces puissantes attitudes égoïstes reviendront au galop, surtout en cas d'offenses répétées. Si nous sommes décidés à être des hommes et des femmes de la grâce et si nous voulons que rien ne vienne ruiner notre communion avec Dieu et les uns avec les autres, nous devons accorder une attention toute particulière dans ce domaine.

Paul a donné aux Philippiens quelques directives excellentes : «... mettez en œuvre votre salut avec crainte et tremblement [il s'agit des implications du salut dans notre vie, autrement dit la sanctification]... car c'est Dieu qui produit en vous le vouloir et le faire, selon son bon plaisir» *(Philippiens 2:12,13)*.

Le chrétien doit être disposé à réfléchir à ces principes bibliques ; s'il les observe, ils seront d'une valeur inestimable pour le bien de son âme. La grâce remarquable de Dieu opère donc en fortifiant notre volonté et notre capacité d'accomplir cet acte d'obéissance. La gloire en revient à Dieu, puisque c'est sa vie qui agit en nous, mais notre responsabilité humaine est entière. C'est pourquoi nous devrons rendre compte à Dieu.

Le pardon accordé ou demandé aura pour résultat un enrichissement de notre vie quotidienne, car la grâce emplira notre âme, notre coupe débordera et nous connaîtrons la vraie joie. Nous aurons gagné un frère ou nous aurons été accueilli comme tel. Qu'espérer de plus ? Y a-t-il un moyen d'être plus heureux que celui qui consiste à faire appel à la grâce et à la répandre autour de soi ? La joie d'avoir accompli la volonté de notre Père vient engloutir le coût de cette initiative.

11

La tentation

«Résistez au diable, et il fuira loin de vous.» (Jacques 4:7)

Satan ne tarde pas à faire sentir sa présence aux chrétiens. Comme il s'oppose farouchement à ce que la moindre âme vienne à Christ, il se dresse contre Dieu et déteste toutes les activités de l'Évangile, ainsi que l'œuvre de la grâce divine dans le cœur des hommes et des femmes.

Lorsque notre Seigneur s'adressa aux soixante-dix, de retour après avoir prêché le royaume de Dieu, il leur dit : «Je voyais Satan tomber du ciel comme un éclair» *(Luc 10:18)*. Jésus faisait ainsi allusion au fait que Dieu avait chassé du ciel cet ange de haut rang.

Bien que puissant, Satan n'est pas *tout*-puissant. Il a une identité personnelle et possède une intelligence rusée. Même si Dieu seul connaît les pensées de notre cœur, Satan a une bonne connaissance de nos points faibles et de nos points forts. En 2 Corinthiens 2:11, Paul fait une mise en garde générale qui se révèle aussi un conseil pratique et puissant dans ce domaine : «... afin de ne pas laisser à Satan l'avantage sur nous, car nous n'ignorons pas ses desseins».

Satan et sa cohorte d'anges mauvais utilisent de nombreuses méthodes. Il est passé maître dans l'art de la ruse, et se montre plausible dans ses raisonnements et dans son invitation. Paul nous dit : «Satan lui-même se déguise en ange de lumière. Il n'est donc pas étrange que ses ministres aussi se déguisent en ministres de justice. Leur fin sera selon leurs œuvres» *(2 Corinthiens 11:14,15)*. L'apôtre révèle ainsi que Satan intervient dans la religion et la spiritualité pour séduire les âmes. Le Seigneur Jésus a mis en garde contre les faux docteurs qui se déguisent en agneaux mais qui, intérieurement, sont des loups voraces, prêts à déchirer notre âme et à semer le trouble dans notre vie spirituelle.

Satan cherche aussi nos points faibles pour prendre l'avantage sur nous : «Soyez sobres, veillez. Votre adversaire, le diable, rôde comme un lion rugissant, cherchant qui il dévorera» *(1 Pierre 5:8)*. Il est toujours à l'affût d'occasions favorables pour lui, notamment quand nous ne nous tenons pas sur nos gardes. Il est certain qu'il nous attaquera au défaut de la cuirasse, là où nous sommes le plus vulnérables. Je me souviens toutefois d'un conseil que m'a donné un pasteur sage et pieux. Il estimait que la plupart des chrétiens veillaient attentivement sur leurs points faibles, mais qu'ils omettaient de surveiller les domaines où ils se croyaient forts et sûrs d'eux. Satan s'introduit souvent par ces brèches que nous laissons sans surveillance et, de là, il peut facilement ternir l'éclat de notre vie chrétienne en nous rendant orgueilleux et confiants en nous-mêmes.

Le diable ne se fatigue jamais. Il est toujours prêt à faire miroiter une tentation, à nous séduire et à nous décourager, même sur notre lit de mort. Mais, et c'est un «mais» glorieux, dans son avertissement contre les esprits séducteurs et les agents de Satan, l'apôtre Jean déclare : «Vous, petits enfants, vous êtes de Dieu, et vous les avez vaincus, parce que celui qui est en vous est plus grand que celui qui est dans le monde» *(1 Jean 4:4)*.

Il est donc vital que nous soyons bien au clair sur notre position. Sachons fermement que le chrétien, l'homme qui est né de nouveau et dont les péchés sont pardonnés, ne peut plus jamais être perdu. Une fois établi dans la grâce, il l'est pour l'éternité : «Mes brebis entendent ma voix ; je les connais, et elles me suivent. Je leur donne la vie éternelle ; et elles ne périront jamais, et personne ne les ravira de ma main» *(Jean 10:27,28).* Il nous incombe néanmoins d'être vigilants et prudents lorsque l'ennemi de notre âme rôde autour de nous. Car, bien qu'il ne puisse plus nous faire perdre le bénéfice du salut, il est tout de même capable de nous plonger dans la détresse et dans beaucoup d'ennuis.

Il y a donc une bataille spirituelle dans laquelle nous sommes sûrs d'être impliqués, d'une manière ou d'une autre. Certaines choses auxquelles nous étions autrefois attachés sont peut-être fausses bien qu'attrayantes, et nous devons nous en détacher sous peine de devenir leur proie facile. Par la grâce de Dieu, nous pouvons demeurer fermes dans la foi et résister contre les manœuvres perfides du diable. Tout en focalisant notre attention sur Dieu et sur l'Évangile de notre Seigneur et Sauveur Jésus-Christ, nous devons en même temps être continuellement sur nos gardes car Satan s'approche insidieusement de notre esprit, cherchant à y mettre un pied.

Que faire alors ? Marcher avec le Seigneur et rester en étroite communion avec lui. Mais dans quels domaines devons-nous principalement veiller pour maintenir notre marche avec Dieu ?

Les priorités chrétiennes

Commençons par la *prière* qui inclut notre communion avec Dieu. Nous avons besoin de nous souvenir que nous entretenons une communication sacrée avec le Dieu de gloire. Il y a la prière privée que nous offrons à Dieu aux moments que nous mettons à part pour nous présenter devant le trône de la grâce et pour tout lui apporter. Nos requêtes et soucis ont beau être insignifiants ou considérables, nous devons les faire connaître au Seigneur : «Approchons-nous donc avec assurance du trône de la grâce, afin d'obtenir miséricorde et de trouver grâce, pour être secourus dans nos besoins» *(Hébreux 4:16).*

Durant nos journées, même si nous accordons toute notre attention au travail qui nous est confié et si nous nous efforçons de bien servir nos supérieurs, dans un certain sens nous sommes toujours près de Dieu et notre cœur se tourne vers lui. A tout instant, nous sommes en mesure de l'appeler du fond de notre cœur si nous sommes perplexes, car notre communion avec Dieu n'est pas interrompue par notre travail séculier. Nous devons prier sans cesse *(1 Thessaloniciens 5:17)*.

Dans la vie du chrétien, la prière s'associe étroitement à *la lecture des Écritures*. Nous savons que ces écrits ont une valeur incommensurable et contiennent tout ce que nous devons connaître au sujet de notre salut et de la sanctification. Ils sont inspirés, infaillibles et ne comportent aucune erreur : «Toute l'Ecriture est inspirée de Dieu, et utile pour enseigner, pour convaincre, pour corriger, pour instruire dans la justice, afin que l'homme de Dieu soit accompli et propre à toute bonne œuvre» *(2 Timothée 3:16,17)*.

La méditation personnelle doit occuper une place importante dans la vie du chrétien. Alors que nous lisons une portion des Écritures, probablement pendant notre culte personnel, le Seigneur nous parle, parfois en nous reprenant, mais le plus souvent en nous encourageant. Sachons également étudier la Bible en nous servant de commentaires fiables ; nous serons ainsi enrichis par la connaissance de l'arrière-plan de ce que nous lisons dans la Bible.

Un autre exercice doit compléter notre moment de prière et notre lecture personnelle de l'Écriture. L'Église tient des réunions auxquelles elle convie les chrétiens à venir prier ensemble, et des réunions autour de la Parole de Dieu où ils sont conduits dans l'étude de la Bible, entourés de soins pastoraux.

Mentionnons encore la *communion fraternelle*. Une fois devenus chrétiens, nous n'avons pas nécessairement besoin de nous détacher de nos anciens amis et connaissances, sauf bien sûr si leur fréquentation se révélait nuisible pour notre vie spirituelle. Mais même si nous ne négligeons pas nos amis d'autrefois, nous nous en faisons de nouveaux dans les rangs chrétiens avec lesquels nous ne tissons pas seulement des liens d'amitié mais également des liens de fraternité, puisque nous avons le même Seigneur.

Apprécions ces privilèges et pratiquons ces exercices spirituels, car Satan essaiera par tous les moyens de nous distraire afin de nuire à notre communion spirituelle. Nous avons besoin de marcher et d'être en communion avec Dieu, ainsi que les uns avec les autres. Sauvegardez-les à tout prix.

Le jour du Seigneur

L'Écriture ne nous enjoint-elle pas d'honorer la personne de Dieu, son nom et le jour qui lui est consacré ? Certains prétendent pouvoir adorer Dieu dans la nature. Il y a une part de vérité dans cette affirmation car :

«Il y a dans chaque teinte une vie
Que le regard profane n'a jamais saisie.»

Toutefois, nous faisons partie de l'Église de Dieu sur terre et à ce titre, nous formons un «édifice bien coordonné» *(Éphésiens 2:21)*. Le culte que nous rendons à Dieu au jour du Seigneur fait du bien à notre âme et constitue un témoignage puissant. Comme l'Écriture révèle clairement cette pratique, nous savons qu'elle est bonne, même si elle est parfois coûteuse et difficile à observer. Elle nous donne l'occasion de fixer les regards sur Christ et non les uns sur les autres, sauf pour nous aimer réciproquement et vouloir le bien d'autrui.

> «Veillons les uns sur les autres, pour nous exciter à l'amour et aux bonnes œuvres. N'abandonnons pas notre assemblée, comme c'est la coutume de quelques-uns ; mais exhortons-nous réciproquement, et cela d'autant plus que vous voyez s'approcher le jour» *(Hébreux 10:24,25)*.

Là encore, Satan utilise tous ses artifices pour nous persuader que nous sommes fatigués, incompris ou trop affairés pour aller au culte. Nous avons besoin de nous encourager mutuellement et de nous soutenir les uns les autres. Quand bien même nous prétendrions n'avoir besoin de personne, cette excuse tombe à l'eau car les autres peuvent avoir besoin de nous. C'est à la fois notre devoir et notre privilège d'observer le jour du Seigneur et d'adorer Dieu ensemble. Le respect de cet aspect de la piété de notre vie nous fortifiera, car nous savons que cette pratique communautaire est agréable à Dieu et qu'elle contribue au maintien de notre communion avec lui. Il vaut la peine de nous souvenir qu'au ciel, la communion avec Dieu et les uns avec les autres n'aura pas de fin.

L'armure spirituelle

En écrivant à l'église d'Éphèse, décrite plus tard dans l'Apocalypse comme une église qui a perdu son premier amour, Paul s'intéresse de très près à cette bataille spirituelle. L'ordre principal est : *Tenez bon !*

> «Au reste, fortifiez-vous dans le Seigneur, et par sa force toute-puissante. Revêtez-vous de toutes les armes de Dieu, afin de pouvoir tenir ferme contre les ruses du diable. Car nous n'avons pas à lutter contre la chair et le sang, mais contre les dominations, contre les autorités, contre les princes de ce monde de ténèbres, contre les esprits méchants dans les lieux célestes. C'est pourquoi, prenez toutes les armes de Dieu, afin de pouvoir résister dans le mauvais jour, et tenir ferme après avoir tout surmonté» *(Ephésiens 6:10-13).*

L'apôtre décrit un champ de bataille sur lequel les forces et les puissances de Satan sont disposées et prêtes à l'attaque. Quant à nous, nous pouvons compter sur la puissance et la force de Dieu. Il nous est néanmoins demandé de résister aux manœuvres de Satan et, après l'assaut, de tenir par la grâce divine. Paul nous avertit que cela n'est possible qu'à condition de nous revêtir de toutes les armes de Dieu.

Il se sert de l'armure du soldat romain pour en transposer chacune des parties au chrétien. Chaque élément est important. L'apôtre commence par la partie la plus indispensable pour tenir ferme contre les attaques de Satan : le ceinturon qu'il identifie à la *vérité*. J'y vois deux sens. Il s'agit évidemment de la vérité présentée par l'Évangile et les enseignements de l'Écriture, mais on peut également penser à l'application de cette vérité dans la vie du croyant, autrement dit l'intégrité et la fiabilité du chrétien. Cela implique un comportement qui se situe aux antipodes de celui du menteur, puisque le Seigneur a qualifié Satan de père du mensonge.

La cuirasse était indispensable pour assurer la protection du cœur et des poumons, ces organes vitaux si précieux. La cuirasse est assimilée à la *justice*, c'est-à-dire à la position du chrétien en Christ, l'œuvre par laquelle le péché et l'injustice ont été ôtés et la sanction qu'ils méritaient a frappé Christ sur la croix. Désormais, le chrétien est revêtu de la justice de Christ qui lui est imputée, ou portée sur son compte. Il en résulte pour le racheté une sainteté de vie qui ne laisse aucun doute quant à son intégrité. C'est la justice impartie ou communiquée. La vie de Christ opère chez le croyant dont la croissance en grâce devient de plus en plus apparente.

Quand Satan me tente au désespoir en me montrant le mal qui est en moi, je lève les yeux vers le ciel pour y voir Celui qui a effacé tout mon péché. Le Sauveur parfait est mort et mon âme est désormais libérée. Le Dieu juste est satisfait quand il voit son Fils et il me pardonne.

Ce que le soldat porte aux pieds est très important, car l'ennemi répandait souvent sur le sol des morceaux de métal tranchants pour freiner l'avance de l'adversaire. Notre façon de marcher est aussi importante que notre façon de vivre. Nous devons chausser la préparation de l'Évangile de *paix*. Cela signifie que nous propageons la bonne nouvelle de la paix que Dieu offre aux hommes et aux femmes, mais aussi que nous sommes des artisans de paix. Qui que nous visitions bénéficiera de notre compagnie puisque nous répandons le parfum de Christ autour de nous.

Souvenons-nous encore de notre besoin du bouclier de la *foi* pour nous protéger des traits enflammés de Satan, lequel ne cesse de nous harceler de doutes et de craintes. Pour remplir sa mission, le bouclier doit évidemment toujours être à sa place de manière à arrêter ces flèches, qui nous causeraient autrement des blessures considérables. Il s'agit de la foi qui a justifié le chrétien et lui a valu la grâce du pardon divin par le Seigneur Jésus-Christ. Le racheté doit constamment exercer cette foi dans les différentes situations qu'il traverse.

Je veux avoir une foi qui ne recule pas, bien qu'environnée de nombreux adversaires, une foi qui ne tremble pas face à la pauvreté et au malheur.

Nous ne devons pas faire preuve d'insouciance en ce qui concerne notre intelligence puisqu'il nous est recommandé de porter le casque du *salut* qui nous protège la tête. Combien il est important de garder nos pensées et de les focaliser sur les choses qualifiées d'aimables par Paul ! Nos pensées se concentrent initialement sur notre salut assuré, mais notre esprit agité peut facilement se laisser accaparer par les soucis de la vie. Paul écrit aux Philippiens :

> «Au reste, frères, que tout ce qui est vrai, tout ce qui est honorable, tout ce qui est juste, tout ce qui est pur, tout ce qui est aimable, tout ce qui mérite l'approbation, ce qui est vertueux et digne de louange, soit l'objet de vos pensées» *(4:8)*.

Jusqu'ici, les différentes pièces de l'armure ont toutes été défensives ; nous arrivons maintenant à l'épée. Paul précise que l'épée de l'Esprit est la *Parole de Dieu* que nous sommes en mesure de saisir et de manier. Cette Parole, revêtue de la puissance de l'Esprit, est tout ce dont nous avons besoin ; nous l'utilisons comme une arme offensive en faisant connaître son contenu aux hommes et aux femmes qui nous entourent. Malgré tous les efforts de Satan pour saper la vérité, nous ne déposons pas cette épée. Quand elle ne tournoie pas au-dessus de notre tête, elle est à notre côté, prête à être employée. Le Seigneur a contré Satan au moyen de la Parole de Dieu ; elle est entre nos mains en cas de besoin.

> «Car la parole de Dieu est vivante et efficace, plus tranchante qu'une épée quelconque à deux tranchants, pénétrante jusqu'à partager âme et esprit, jointures et moelles ; elle juge les sentiments et les pensées du cœur» *(Hébreux 4:12)*.

Souvenons-nous que Satan est un ennemi vaincu, que ses jours sont comptés et son pouvoir limité. Il n'aura pas la victoire finale. Empêchons-le donc de remporter des batailles mineures et temporaires qui freinent l'œuvre de la grâce pour un temps. Ne considérez jamais Satan à la légère, mais prenez Dieu très au sérieux et appropriez-vous ses formidables ressources pour triompher de l'ennemi de nos âmes.

«Quand tous les démons déchaînés
Prétendraient te détruire,
Ne crains point ! ils sont condamnés
Et ne sauraient te nuire.
Eux tous, avec leur roi
Tomberont devant toi,
Peuple fidèle !
Pour vaincre le rebelle,
Il suffit d'un mot de la foi.»

12

L'amour

«C'est ici mon commandement : Aimez-vous les uns les autres, comme je vous ai aimés» *(Jean 15:12)*

Nous vivons dans un monde dominé par la cupidité et la haine. Des factions rivales se livrent continuellement une guerre sans merci pour un avantage territorial ou financier. Telle est la condition de l'homme depuis des siècles ; la terre se fait l'écho de la voix des multitudes qui ont souffert. Ce même appât du pouvoir ou de l'argent motive les grandes entreprises qui, pour déjouer l'attention, font occasionnellement des dons dérisoires à des œuvres charitables.

Qu'est-ce qui rend l'homme si vicieux et si égoïste ? C'est le péché, et le malaise est profondément enfoui dans le cœur humain.

Le monde n'est pourtant pas dénué de toute vertu. Pensons à l'amour qui unit des amis et qui peut accomplir des prodiges et aller jusqu'au sacrifice de l'un pour l'autre ; pensons également à l'amour de la patrie qui peut inciter des gens à des actes héroïques par loyauté pour leur pays. Il serait faux d'affirmer qu'il n'y a plus rien de bon en l'homme. Cependant, même ses plus nobles élans sont entachés d'un égoïsme sournois qui corrompt ses plus belles actions.

Le chrétien est une nouvelle création en Christ et, à ce titre, il est capable, par la grâce de Dieu, d'accomplir des choses qu'il n'aurait pas cru possibles par lui-même. Il est capable d'aimer, et de le faire avec une faculté qui puise dans des ressources et des réserves qui ne lui étaient pas accessibles autrefois. Cet amour est d'origine divine et il est d'une qualité qui ne se trouve pas en dehors de l'expérience chrétienne. Nous devons examiner comment cela est possible et comment cet amour peut s'exercer.

C'est à Dieu lui-même que nous devons nous adresser pour avoir la réponse. Si nous considérons l'Être divin tel que le présentent les Écritures, force nous est d'admettre que de tous ses attributs, il en est certains qu'il ne peut jamais communiquer intégralement à l'homme. C'est le cas de son omnipotence et de son omniprésence. En revanche, bien que parfaites à tous points de vue, d'autres caractéristiques et qualités divines nous sont communicables dans une certaine mesure.

La sainteté et l'amour de Dieu

Une qualité divine surpasse toutes les autres, à savoir sa sainteté. Elle est vraiment le couronnement sublime de la nature de Dieu. Cet attribut place Dieu à part et le différencie radicalement de nous. Nous sommes pécheurs, il est saint. Ce thème parcourt toute la Bible, et il est illustré de façon magistrale en Apocalypse 4:6 où la sainteté de Dieu est représentée par une mer de verre, semblable à du cristal étincelant qui entoure son trône.

Tous les rachetés y viendront adorer ce Dieu saint, lui remettant leur couronne. Les anges se prosternent devant lui et chantent son éternelle sainteté. Même si l'œil de l'homme pécheur ne peut contempler cette gloire ineffable, Dieu seul est saint, parfait en puissance, amour et pureté.

Pour entrer en communion avec Dieu, nous aussi devons être saints.

Dans son cœur, Dieu a conçu un moyen permettant au pécheur de s'approcher de lui et d'être accepté par lui dans une communion éternelle. Ce plan est inspiré par l'amour, un amour divin qui a su concilier au sein de la divinité le bien éternel de l'homme et la gloire de Dieu. C'est en vertu de ce décret du Dieu trinitaire que le Dieu saint peut accueillir des pécheurs dans sa communion. Comment cela peut-il se faire sans compromettre sa sainteté ? Il était hors de question qu'il banalise le péché ou néglige de le sanctionner. Dans son amour, Dieu a trouvé le moyen d'aimer le pécheur tout en punissant le péché.

La voie de l'amour

Examinons comment Dieu révèle son caractère dans le décalogue. On peut décrire ces dix commandements comme une loi d'amour dans la mesure où ils exigent que nous aimions Dieu et nos semblables d'un amour parfait. Nous devons honorer la personne de Dieu, son nom et le jour qui lui est consacré ; par respect pour notre prochain, nous devons renoncer au meurtre, au vol, au mensonge, à la convoitise, etc. Il ne s'agit pas d'un vague sentiment d'affection mais d'un amour de qualité au contenu riche.

Le problème est que nous sommes incapables de répondre aux attentes divines placées sur nous. C'est là que nous voyons l'amour divin en action, car Dieu pourvoit au moyen nécessaire. Le Seigneur Jésus-Christ a accepté de se soumettre à la Loi de Dieu et de l'observer à notre place, puis d'endosser à la croix le châtiment que méritaient nos transgressions à cette Loi. Désormais, moyennant la repentance à cause de nos péchés et la foi au Seigneur Jésus-Christ, Dieu nous accorde le pardon et la paix avec lui.

> «L'amour de Dieu a été manifesté envers nous en ce que Dieu a envoyé son Fils unique dans le monde, afin que nous vivions par lui.

> Et cet amour consiste, non point en ce que nous avons aimé Dieu, mais en ce qu'il nous a aimés et a envoyé son Fils comme victime expiatoire pour nos péchés» *(1 Jean 4:9,10).*

Ceci étant, la nature même de l'amour de Dieu manifesté en son Fils exige une réponse de notre part, et il ne peut y en avoir qu'une : «Bien-aimés, si Dieu nous a ainsi aimés, nous devons aussi nous aimer les uns les autres» *(1 Jean 4:11).* Nous ne pouvons pas nous contenter d'être au bénéfice de cet attribut glorieux, nous devons le cultiver en nous.

D'ailleurs, s'il n'est pas présent en nous, nous nous contredisons et un doute réel plane sur l'authenticité de notre expérience avec Dieu. Nous pouvons même nous demander si l'amour de Dieu a vraiment été répandu dans notre vie car, si c'est le cas, il doit y avoir des preuves concrètes. Notons la clarté avec laquelle Jean s'exprime à ce sujet :

> «Pour nous, nous l'aimons, parce qu'il nous a aimés le premier. Si quelqu'un dit, J'aime Dieu, et qu'il haïsse son frère, c'est un menteur ; car celui qui n'aime pas son frère qu'il voit, comment peut-il aimer Dieu qu'il ne voit pas ? Et nous avons de lui ce commandement, que celui qui aime Dieu aime aussi son frère» *(1 Jean 4:19-21).*

Il est inconcevable qu'un chrétien puisse manquer d'amour alors que lui-même a été le bénéficiaire d'un amour qui lui vaut une sécurité éternelle. Il n'empêche que si la vie de Dieu doit se manifester chez le croyant au point que cet amour coule dans ses veines, le chrétien est responsable de le démontrer activement. Les anciennes habitudes ont la vie dure ; de vieilles rancunes et de vieux préjugés, ainsi que des offenses subies autrefois qui auraient dû depuis longtemps sombrer dans l'oubli resurgissent aisément. C'est surtout à ces moments-là que nous devons donner libre cours à un amour supérieur à notre amour naturel. Dans le meilleur des cas, l'amour humain atteint un point de rupture, mais l'amour divin ne connaît pas de limites.

Nous avons le privilège et le devoir d'exercer cet amour et de coopérer avec la grâce de Dieu. Sans cet amour, notre profession de foi est vaine, mais cet amour a la capacité d'enrichir considérablement notre vie et celle des personnes que nous côtoyons.

La marche de l'amour

Il est important de nous souvenir que les chrétiens sont des gens ordinaires, exposés aux mêmes frustrations, déceptions et blessures que n'importe qui. Lors de son passage à Lystre, Paul déclara : «Nous aussi, nous sommes des hommes de la même nature que vous» *(Actes 14:15)*.

S'il est vrai que le croyant possède un grand potentiel d'amour, il doit cependant être disposé à puiser dans les immenses réserves spirituelles d'amour qu'il a en Dieu. Hélas, nous refusons souvent de nous approprier cet amour et permettons à la colère ou à une attitude injuste de s'exprimer, donnant ainsi à l'amertume l'occasion de prendre racine dans notre cœur. Le fait d'être enfants de Dieu ne signifie pas que nous réagirons automatiquement et toujours par l'amour. Dieu réclame notre collaboration active pour que nous vivions sa vie.

Dans les premiers temps de l'Église primitive, alors qu'une violente persécution sévissait contre les chrétiens au point que beaucoup d'entre eux furent martyrisés, les gens extérieurs à l'Église faisaient l'éloge de l'amour qui unissait les croyants. Quelle que soit la dureté de nos épreuves, l'amour de Dieu devrait toujours percer dans notre vie. Je ne prétends pas que c'est chose facile, surtout lorsque notre patience est rudement sollicitée.

Pour entretenir l'amour de Dieu en nous, souvenons-nous de l'amour qu'il nous a témoigné en Christ et des nombreuses preuves de sa bonté et de sa miséricorde tout au long de notre pèlerinage terrestre.

En nourrissant ces pensées réalistes, nous verrons notre situation présente dans une juste perspective et nous parviendrons à mettre notre amour en œuvre. Demandons en outre au Seigneur de nous en donner la capacité et de nous accorder la grâce nécessaire. C'est ainsi que nous apprendrons à marcher avec Dieu de manière à ce que son amour soit de plus en plus visible dans notre vie.

1 Corinthiens 13

Ce chapitre bien connu de 1 Corinthiens décrit la qualité et le calibre de cet amour. Il présente l'amour comme le plus grand de tous les dons, et son absence mène à des conséquences épouvantables. Quels que soient les dons que j'exerce et dont je tire gloire, si je manque d'amour, je ne suis rien. Rien ! Ce simple mot rime avec désespoir. Une telle pensée nous oblige à nous ressaisir et à reconnaître que l'amour est une caractéristique vitale de l'Être divin et de la vie du croyant. Aucun des dons que nous possédons, aucun des sacrifices que nous offrons ne peut se comparer à l'amour.

L'apôtre dit de l'amour qu'il est patient et bienveillant. Il n'abrite aucune trace d'envie ou de vanité. L'amour supporte tout et ne cherche pas son propre avantage. Il est résolu à ne pas répondre à la provocation et ne se laisse pas détourner de son chemin ; il ne pense pas le mal et ne l'entretient pas. L'amour, surtout celui de Dieu, ne trouve aucun plaisir dans le péché mais il se réjouit de la vérité et de la fidélité. Il est patient et fait confiance. Il brille d'espérance et, pour l'amour du Seigneur, il est prêt à supporter toute opposition. Beaucoup de choses peuvent disparaître ou perdre leur utilité, mais l'amour ne fera jamais défaut, ne s'évanouira jamais et aura toujours sa place. Seules la grâce de Dieu et une vie dans une totale dépendance du Seigneur nous permettent d'exercer et de pratiquer cet amour dans notre vie.

Le Seigneur Jésus-Christ a ordonné à ses disciples d'observer ce commandement de l'amour. Dans sa première épître, l'apôtre Jean indique que l'amour est l'étalon auquel se mesure la réalité de notre appartenance au Seigneur.

Qu'est-ce que cela implique ?

Nous devrions toujours désirer que la vie et l'amour de Dieu soient manifestes dans tout notre comportement pour que Dieu en soit glorifié. Bien sûr, ces grâces anoblissent la nature chrétienne ; les gens observent notre façon de vivre et de nous acquitter de nos devoirs ; pour eux, nous sommes comme une lettre ouverte que beaucoup peuvent lire. Qui sait jusqu'où une telle vie peut aller ; combien de peines elle soulagera et combien d'affligés elle consolera ?

L'amour est une caractéristique si merveilleuse dans la vie chrétienne que nous ne devrions pas permettre à quoi que ce soit de le défigurer ou de freiner ses effets. L'amour est de Dieu. N'oublions jamais que dans ce monde triste et pécheur, l'amour est comme une lampe de grâce qui confère à la vie chrétienne une valeur inestimable et un prix inabordable parmi les gens que le croyant côtoie. Ne ménageons donc aucun effort pour trouver Dieu afin que son amour se déverse en nous.

La perte de l'amour

Bien que dans nos pensées, l'apôtre Jean soit souvent associé à l'idée d'amour, Paul aussi souligne fréquemment l'importance de cette vertu dans ses écrits. Pensons simplement au chapitre sublime de 1 Corinthiens, que nous venons d'examiner brièvement, pour mesurer la valeur que Paul attachait à l'amour. La deuxième prière de Paul dans sa lettre aux Éphésiens *(3:14-21)* traite de l'amour et de sa nécessité dans la vie du croyant. Il est d'ailleurs possible que l'apôtre ait remarqué un manque d'amour chez ses destinataires, ce que confirmerait la lettre que le Seigneur destine à l'église d'Éphèse :

> «Mais ce que j'ai contre toi, c'est que tu as abandonné ton premier amour. Souviens-toi donc d'où tu es tombé, repens-toi, et pratique tes premières œuvres ; sinon, je viendrai à toi, et j'ôterai ton chandelier de sa place, à moins que tu ne te repentes.» *(Apocalypse 2:4,5)*

Que s'était-il passé parmi les chrétiens d'Éphèse ? Ils s'étaient rendus coupables du péché des Nicolaïtes. Que pouvait bien être ce péché ? C'est la tentation qui a assailli l'Église tout au long de son histoire séculaire. Les chrétiens avaient trouvé moyen de concilier leur vie chrétienne avec la mentalité du monde, sans se rendre compte que le monde réclame notre cœur tout entier et qu'il n'est pas du tout disposé à le partager, surtout pas avec Dieu.

Lorsque nous aimons le Seigneur, il est impossible que nous partagions cet amour avec qui que ce soit d'autre. Je me rends compte que certains pourraient mal me comprendre. C'est pourquoi je m'empresse d'ajouter que ceux qui aiment Dieu de tout leur cœur aimeront aussi leur famille et leurs amis mieux que ceux qui placent le meilleur des humains au premier plan de leurs affections.

L'encouragement de l'amour

Dans sa prière, Paul demande à Dieu de fortifier les Éphésiens dans leur être intérieur pour qu'ils puissent connaître cet amour :

> «... en sorte que Christ habite dans vos cœurs par la foi ; afin qu'étant enracinés et fondés dans l'amour, vous puissiez comprendre avec tous les saints quelle est la largeur, la longueur, la profondeur et la hauteur, et connaître l'amour de Christ, qui surpasse toute connaissance, en sorte que vous soyez remplis jusqu'à toute la plénitude de Dieu» *(Ephésiens 3:17-19).*

Comme nous l'avons dit dans un chapitre précédent, Charles Siméon qualifiait cette prière d'«échelle céleste», ce qui ne nous étonne pas puisqu'elle conduit à la plénitude de Dieu. Quel débordement de beauté et de gloire spirituelles ! Non seulement l'amour procède de Dieu, mais la force et la volonté de le pratiquer aussi.

Il n'est pas surprenant que nous soyons encouragés à témoigner ce don d'amour envers Dieu et envers notre prochain, car en tant que croyants nous avons reçu la grâce de le faire. C'est la vie de Dieu dans ses enfants, la marque distinctive de notre qualité de disciples.

Quel en est le prix ? Il est très élevé. Il nous faudra renoncer à l'amour de soi et à la protection acharnée de nos intérêts. Nous devrons également faire preuve d'une détermination ferme et d'une discipline spirituelle rigoureuse. Dans ce domaine, nous avons cependant l'exemple de Christ pour nous encourager.

Le sentier que notre Sauveur a foulé en montant vers Golgotha était un sentier d'amour. Comment est-ce possible alors qu'il était environné de tant de haine cruelle et d'hypocrisie, et que ses amis même l'avaient abandonné ? Jésus aimait son Père et la volonté de celui-ci. On présente souvent le chemin de la croix comme un chemin d'abattement et de misère, mais ce n'est pas la totalité du tableau.

Jésus voyait aussi devant lui la multitude de ceux qui seraient lavés par son sang, dont les péchés seraient ôtés à tout jamais et qui seraient revêtus de sa justice. C'est l'amour qui a poussé Dieu à envoyer son Fils dans ce monde. C'est l'amour, passionné et parfait, qui a conduit le Fils sur la croix.

Toute mon enfance et les premières années de mon ministère se sont déroulées dans une culture galloise. Plus tard, j'ai été appelé à servir le Seigneur dans une grande ville et à prêcher en anglais. Je n'étais pas familiarisé avec les Écritures dans cette langue, et ma connaissance des cantiques anglais était très limitée. Pour conclure mon premier culte dans cette nouvelle église, je choisis un cantique qui disait ceci :

«C'est un fait des plus merveilleux,
Presque trop beau pour être crédible ;
Le propre Fils de Dieu est venu des cieux
Pour mourir et sauver un enfant terrible.»

A peine avais-je indiqué le numéro du cantique dans le recueil que je me rendis compte qu'il se trouvait dans la partie intitulée «Cantiques pour enfants». Je me souviens comme si c'était hier combien mes joues se sont empourprées et combien je me suis senti mal à l'aise. Qu'est-ce que je ressens aujourd'hui ? Quel cantique merveilleux ! Quelles paroles sublimes ! Quelle inspiration a été communiquée à l'auteur pour coucher des pensées aussi profondes sur le papier ! Ce cantique s'adresse à tous, car nous sommes tous des enfants en bas âge qui ont besoin d'apprendre.

«Je ne sais pas pourquoi le Seigneur
M'a aimé, moi, un enfant si coupable ;
Mais pour mourir et conquérir mon cœur
Il a fallu que son amour soit admirable.»

Je me demande s'il a conquis votre cœur. Je prie que ce soit le cas. Si l'amour a épongé notre dette immense, combien de problèmes pourraient être résolus et de difficultés surmontées par l'amour ! Par la grâce de Dieu, nous pouvons nous engager sur cette voie. Que son amour se répande abondamment dans notre cœur, un amour fort, inébranlable, courageux, victorieux, l'amour et la vie de Dieu en nous !

13

La mort

«Il y a... un temps pour mourir» (Ecclésiaste 3:2)

J'ai entendu un jour un homme prier avec beaucoup de sérieux au sujet de sa condition spirituelle future. Il se rendait compte qu'il avançait en âge et que le temps s'écoulait irrémédiablement. Bien qu'il ne fût que dans la quarantaine passée, il demandait à Dieu de faire de lui un homme pieux dans sa vieillesse. Même si ses paroles résonnaient avec l'accent de la sincérité, il ne semblait pas être pressé d'en arriver là. Il s'arrêta un instant. Puis il se reprit et supplia le Seigneur d'opérer cette œuvre de sanctification immédiatement. Je me dis alors que ce que cet homme demandait à Dieu s'appliquait aussi à de nombreux aspects de notre vie. En effet, nos pieux désirs sont sans valeur si nous les reportons constamment dans le temps. L'étudiant avisé est celui qui travaille régulièrement tout le long de l'année scolaire, alors que l'insensé se contente de donner un gros coup de collier à l'approche des examens.

Tôt ou tard, le moment vient où tout être humain doit faire ses adieux à cette vie et affronter la réalité inéluctable de la mort. Tout ce qui nous était familier et qui semblait se prolonger indéfiniment a une fin lorsque la mort vient brutalement mettre un terme à notre vie et que nous quittons le domaine des choses connues pour entrer dans un autre domaine et une autre dimension.

Tout le monde est forcé de penser un jour ou l'autre à la mort, car il n'y a aucun moyen d'en esquiver la connaissance. Le monde environnant nous rappelle sans cesse sa réalité qui est encore plus affreuse lorsque nous quittent définitivement les membres de notre famille, nos amis proches et nos connaissances. Elle occupe nos pensées, quoi que nous fassions pour la chasser.

Certes, il se trouve toujours des gens pour affirmer que notre fin ressemble à l'extinction d'une chandelle, mais peuvent-ils s'empêcher d'avoir un doute et de se dire qu'il y a peut-être une vie de l'autre côté de la tombe, et un Créateur, Dieu, devant qui il faudra se tenir ? Certains noient les cris de leur esprit dans des plaisirs passagers ou remplissent leur vie d'une activité débordante qui les empêche de penser à leur fin. D'autres encore s'accrochent à l'espoir vain que Dieu ne veut ni ne peut les rejeter.

Mais quels que soient les arguments superficiels avancés et le flot de paroles débitées, le problème reste entier. L'individu n'a aucune certitude et se sent troublé. Un de mes petits-fils, âgé de trois ans, ressentit cruellement la mort de son autre grand-père. Un soir, alors que sa maman le mettait au lit, il la regarda et lui demanda : «Dis maman, tu ne deviendras jamais vieille, hein ?» Elle lui demanda la raison de cette remarque et l'enfant répondit : «Eh bien, les gens âgés meurent et ne reviennent pas.» Il avait bien compris la réalité et la finalité de la mort. Beaucoup de gens vivent comme s'ils étaient éternels et ne mesurent pas que la mort ne respecte ni les personnes ni leur âge.

Si j'ai introduit ce sujet d'une manière aussi brutale, c'est en raison de son importance. Je ne suggère certainement pas un seul instant que nous devions nous préoccuper de façon morbide de cette question au point d'être constamment d'humeur maussade. Mais puisque la mort est inévitable, c'est pure folie de ne pas s'y préparer. J.-Charles Ryle déclare que même pour le chrétien qui s'appuie sur le Seigneur en comptant sur les promesses de Dieu, la mort est une expérience solennelle, car il n'est encore jamais passé par là. Pour l'incroyant, elle est en revanche effroyable.

«Vient l'heure où je devrai tout quitter
Même ce qui me tient le plus à cœur ;
La vie avec ses espoirs les meilleurs
M'apparaîtra alors dans tout sa futilité.»

Comment le chrétien devrait-il envisager la mort ? Le fait d'avoir accepté le Seigneur Jésus-Christ comme Sauveur ne le dispense pas de penser au moment de son départ. La doctrine chrétienne projette une claire lumière sur le sujet en commençant par affirmer que l'âme est immortelle et donc incapable de mourir. Certes, il fut un temps où nous n'existions pas, mais il n'y aura plus jamais de temps où nous n'existerons plus.

Des versets tels que : «Cette nuit même ton âme te sera redemandée» *(Luc 12:20),* donnent une nouvelle dimension à la question de la mort et soulèvent un certain nombre de questions. Où l'âme va-t-elle ? Auprès de Dieu ? Que me dira-t-il ?

Il est commode de croire en l'annihilation de l'âme, car c'est une idée agréable et une option de facilité. Elle est pourtant fausse et ne change strictement rien au fait que l'âme de l'incroyant sera horrifiée et complètement désespérée lorsqu'elle se trouvera en face de Dieu et l'entendra prononcer sa condamnation éternelle. Quel drame que d'être mal préparé pour ce moment final et décisif où l'âme comparaîtra devant Dieu lui-même ! Cher lecteur, prêtez une grande attention à ce sujet !

La foi chrétienne entretient une espérance chez le croyant et lui parle d'«un héritage qui ne peut ni se corrompre, ni se souiller, ni se flétrir ; il vous est réservé dans les cieux» *(1 Pierre 1:4)*. Nous avons également les paroles du Seigneur qui déclara à ses disciples qu'il devait aller de l'avant, via le calvaire, afin de préparer pour les croyants une place là où lui-même serait et où ils viendraient le rejoindre.

Il décrit le ciel en des termes inoubliables qui ont consolé et fortifié des millions d'hommes et de femmes en leur laissant entrevoir la beauté de leur destinée : «Il y a plusieurs demeures dans la maison de mon Père. Si cela n'était pas, je vous l'aurais dit» *(Jean 14:2)*. Quelle déclaration admirable ! Elle exprime tellement de choses en si peu de mots. Le ciel ressemble davantage à un palais que tous les palais de la terre réunis. Le ciel est un foyer, comme l'indiquent les termes mêmes de Jésus : «la maison de mon Père». C'est l'indication d'une ambiance chaleureuse. Mais ce n'est pas tout. Le Seigneur fonde sa promesse sur l'intégrité de sa personne et de sa nature en ajoutant : «Si cela n'était pas, je vous l'aurais dit.» C'est cohérent avec le Dieu qui ne peut mentir et en qui on ne trouve aucune duplicité.

La source de toute consolation

En guise d'introduction à ce dévoilement du ciel, le Seigneur Jésus-Christ prononce les paroles consolatrices suivantes : «Que votre cœur ne se trouble point.» Nous sommes si souvent troublés, surtout en songeant au peu que nous avons accompli. Combien de fois nous avons remis l'exécution de nos promesses à plus tard ! Combien nous souhaiterions avoir fait davantage pour un bien-aimé, même si nous avons l'impression d'avoir fait tout ce que nos forces permettaient ! Combien nous aimerions que tel acte irréfléchi, telle parole irritée destinée à blesser, telle pensée manquant de charité surgie dans notre esprit puissent disparaître comme s'ils n'avaient jamais existé !

Oui, nous sommes souvent troublés par le souvenir de ces choses, sans compter la pensée de la vallée de la mort que nous devrons traverser. Que sera mon entrée dans l'au-delà ? Le Seigneur viendra-t-il sans crier gare pour me taper doucement sur l'épaule et m'inviter à passer «de l'autre bord» ? Peut-être regretterai-je alors de n'avoir pas exprimé toute la reconnaissance que j'aurais dû, de n'avoir pas pris toutes les décisions qui s'imposaient, d'avoir laissé tant de choses inachevées !

Il est possible que Dieu nous accorde assez de temps et d'avertissements, et que nous ayons à affronter la lutte d'un corps qui cherche à résister contre quelque maladie incurable finale. Comment réagirons-nous alors ? Serai-je en mesure de rendre un bon témoignage ? Perdrai-je ma joie ? Contesterai-je la sagesse de Dieu et l'instant qu'il a fixé pour me rappeler à lui ? A toutes ces questions angoissantes, le Seigneur répond d'avance : «Que votre cœur ne se trouble point.» Puis il ajoute dans ce même chapitre : «Je vous laisse la paix, je vous donne ma paix. Je ne vous donne pas comme le monde donne. Que votre cœur ne se trouble point, et ne s'alarme point» *(Jean 14:27)*.

La peur de la mort

N'oublions pas et ne sous-estimons pas le fait que nous sommes des créatures dotées d'émotions. Devenus chrétiens, nous ne cessons pas pour autant d'éprouver des sentiments. Nous devons en tenir compte. Devoir affronter la mort est une chose terrifiante. En disant cela, je n'ignore certainement pas la consolation, la paix et la force qui nous sont promises, ni la perspective glorieuse de comparaître dans la présence de Dieu. Pas du tout. Mais le fait est que l'expérience de la mort est unique ; ne l'ayant jamais connue jusqu'à ce jour fatidique, nous ne savons pas vraiment ce qu'elle nous réserve. Si Satan n'a jamais cessé de nous tenter pendant notre vie, il n'y renoncera certainement pas à l'article de notre mort. La crainte est réelle et elle peut alors dresser son visage horrible. L'appréhension peut m'envahir, me poussant à me demander quelle sera ma fin et si je ne serai pas tenté d'abandonner le Seigneur. La peur revêt de nombreuses formes.

Je pense à quelques exemples de personnes fermes dans la foi qui ont cependant connu l'appréhension de la mort. J'ai eu le privilège de fixer leur attention sur un petit mot passé si souvent inaperçu dans notre lecture d'un verset en particulier : «C'est ainsi, en effet, que l'entrée dans le royaume éternel de notre Sauveur et Seigneur Jésus-Christ vous sera *largement* accordée» *(2 Pierre 1:11)*. La perspective de l'entrée largement ouverte et de l'accueil glorieux qui attendent le chrétien m'a souvent rempli d'allégresse.

J'ai aussi éprouvé beaucoup de bonheur à décrire le royaume de notre Seigneur. C'est cependant en m'adressant aux mourants que j'ai moi-même appris la valeur de ce mot «accordée». Quel mot béni ! Tout comme l'infirmière aide un malade sans force à sortir de son lit pour s'asseoir dans le fauteuil, ainsi le Seigneur me portera et m'installera dans la maison du Père. Nous ne sommes pas livrés à nous-mêmes, comme un enfant perdu dans une nouvelle école et qui s'adosse tristement au mur pendant la récréation, cherchant désespérément un ami. Non, nous sommes attendus et entourés. Le Psaume 23 lève un coin du voile sur cette assistance divine : «Quand je marche dans la vallée de l'ombre de la mort, je ne crains aucun mal, car tu es avec moi : ta houlette et ton bâton me rassurent» *(v.4)*.

«J'ai eu une nouvelle vision de Jésus
Comme je ne l'avais encore jamais vu.
Environné d'une gloire radieuse
Et de sa beauté si merveilleuse.
J'étais sur les rivages de ma faiblesse
Dans la crainte mon regard était plongé.
C'est alors que je le vis dans sa beauté
Découvrant son ineffable richesse.

«Oui, mon Sauveur sera toujours avec moi
La présence et la promesse de mon Roi
Dévoilent tout l'amour de sa face
Aux yeux des rachetés de sa grâce
Dans la terreur de la sombre vallée
Où l'enfer de son horreur étreint
Mon cher Jésus me prendra par la main
Et me conduira à la céleste Cité.

«Là-haut, une lumière éternelle luit
Et pénètre du val maudit la nuit
Jésus y resplendit de l'éclat d'un roi
Et du tombeau il chasse l'effroi
Notre Dieu est au terme de la vie

Son royaume, si plaisant et glorieux
Où ses chers enfants enfin radieux
Le louent pour les douleurs du Messie.»

Il est essentiel de se préparer à la mort

Un mouvement de jeunes bien connu a choisi comme devise : «Toujours prêt.» Ce mot d'ordre n'avait probablement pas d'implication spirituelle pour ses auteurs. Il indique simplement aux adhérents du mouvement qu'ils doivent toujours être prêts à faire face à tous les problèmes qui peuvent surgir dans la vie, parfois de façon soudaine. Nous pouvons évidemment conférer à cette exhortation un sens plus profond et l'appliquer à la préparation de notre sort éternel.

Le chrétien doit avant tout *s'assurer de sa position en Christ.* Examinons-nous nous-mêmes pour savoir si nous sommes dans la foi ou non *(2 Corinthiens 13:5).* Il ne s'agit cependant pas de cultiver une introspection morbide ni de se préoccuper indéfiniment et excessivement de soi. Mais il est bon de repasser en mémoire l'œuvre rédemptrice et salutaire du Seigneur Jésus-Christ en nous.

Je suis profondément convaincu en moi-même que Christ a vécu à ma place une vie que je n'aurais jamais pu mener, et qu'il a accepté la mort que j'aurais dû subir éternellement. Ne perdons jamais de vue que nous lui devons notre nouvelle naissance spirituelle et notre totale dépendance de lui. Cette pensée nous aidera à apprécier le fait que tout cela a été décidé de toute éternité, avant la fondation du monde. Le souvenir que nous sommes devenus les bénéficiaires d'une telle grâce surpassera toujours notre entendement et nous maintiendra dans l'humilité. Sachons toutefois que nous sommes bien plus que de simples pécheurs pardonnés. Il ne doit donc y avoir aucune contradiction entre ce que nous croyons et la manière dont nous vivons ; ces deux aspects doivent s'articuler autour de la même grâce.

Être prêts à mourir

Il y a quelques années un jeune homme originaire d'Allemagne a assisté à notre réunion de prière. Il était venu par le biais d'une organisation qui favorisait les échanges entre étudiants de différents pays. Il s'intégra rapidement dans l'église et en appréciait les réunions, si bien qu'il prit bientôt une grande place dans le cœur des membres. Puis vinrent les vacances de Noël, et le jeune homme retourna chez ses parents. Je me souviens du matin où, dans le lot des cartes de vœux qui étaient arrivées, en figurait une postée d'Allemagne. Je supposais tout naturellement qu'elle était de Siegfried, mais ne parvenant pas à bien la déchiffrer, je l'apportai à la réunion de prière dans l'espoir qu'une personne sachant l'allemand pourrait me la traduire. La présentation m'avait tout de suite paru étrange, mais je l'attribuai à une possible coutume culturelle germanique. Pourquoi ces caractères imprimés en noir et ce liseré de même couleur bordant la carte ? Je notai aussi deux dates. D'emblée, je pensai que le père de Siegfried était décédé, mais l'âge du défunt, vingt-trois ans, exclut cette hypothèse. Peu de temps après, le père de Siegfried m'apprit les circonstances de la mort du jeune homme. Il rentrait chez lui à cyclomoteur après avoir assisté à une réunion dans une église quand il fut fauché par un chauffard ivre et tué sur le coup. Son père me demanda de me rendre à l'appartement de Siegfried pour trier ses affaires et renvoyer en Allemagne tout ce qui avait quelque valeur.

C'est une expérience qu'on préférerait ne pas connaître et en tout cas une tâche qu'on n'accomplit pas volontiers. Je me rendis à l'appartement du jeune homme et ne fus pas surpris de trouver tout propre et bien rangé. Même ses lettres étaient rassemblées en piles étiquetées et serrées par des élastiques. Rien ne pouvait me faire douter d'une certitude : le jeune homme était prêt. Un verset me vint alors à la mémoire : «Souviens-toi de ton Créateur pendant les jours de ta jeunesse» *(Ecclésiaste 12:3)*. Siegfried l'avait fait, car il n'y avait rien de caché dans sa vie de communion transparente avec le Seigneur. Quel message tirer de ce récit ? Que les chrétiens de tous âges doivent vivre chaque jour d'une manière qui glorifie Dieu, étant toujours prêts à quitter ce monde si le Seigneur les appelle à le rejoindre.

Ce n'est là qu'un exemple parmi beaucoup d'autres que j'aurais pu mentionner, mais il suffit pour nous rappeler que le nombre des jours qui nous restent à vivre n'est peut-être pas grand du tout. Vient aussi le jour où nous devons accepter le fait que nous avons peut-être déjà vécu plus longtemps que ce qui nous reste à vivre. Le dicton écossais : «Répare ta toiture lorsqu'il fait beau», est un sage conseil dans le domaine spirituel. En effet, lorsque son cœur, son âme et son esprit vivent dans une unité et une harmonie glorieuse avec le Seigneur Jésus-Christ, l'homme n'a pas de regrets à quitter cette vie.

Bien mourir

Je crois que dans certains cas, Dieu guérit et relève les malades. Nous en avons des preuves aujourd'hui comme du temps du roi Ézéchias *(2 Rois 20)*. Je le dis avec beaucoup de révérence et de respect, je n'ai aucun doute quant à la faculté de Dieu de guérir miraculeusement, même si les exemples sont relativement peu nombreux. Mais il y a aussi des moments où nous avons beau prier et supplier Dieu en faveur d'un parent ou d'un ami, la guérison ne vient pas. Comme ministre de l'Évangile, on me pose souvent la question : «Comment pouvez-vous accepter cette réalité avec dignité et de bonne grâce ?» Le récit suivant donne la réponse.

Un soir tard, au terme d'une journée où je me sentais particulièrement attristé et découragé de n'avoir pas pu venir en aide à la personne à qui j'avais rendu visite, je rentrai chez moi et trouvai près du téléphone un message me demandant de me rendre encore dans un foyer pour personnes âgées. Je traversai la ville en hâte et arrivai dans cette maison de retraite qui abritait une vingtaine de pensionnaires. Je n'y connaissais qu'une femme qui avait plus de quatre-vingt dix ans et qui avait toujours été une chrétienne rayonnante depuis sa rencontre avec le Seigneur.

La directrice m'accueillit aimablement et me conduisit dans une chambre où la croyante âgée était assise dans son lit, un châle sur les épaules. Elle avait l'air d'une reine dans sa tenue très digne. Elle avait été victime d'un léger malaise cardiaque et, même si rien ne le laissait présager, elle croyait sincèrement qu'un malaise plus grave la guettait. Je lui pris la main et lui demandai si elle avait quelque chose à me dire. «Oui», répondit-elle calmement. «Dans peu de temps, peut-être dans les heures ou les jours qui viennent, j'arriverai à la maison du Père.» Elle me parla ensuite des autres personnes âgées qui vivaient dans ce foyer ; c'était des gens charmants, même religieux, mais elle craignait qu'aucun d'eux n'ait fait l'expérience de la grâce salvatrice de Dieu. Elle-même s'estimait sans grande influence et se considérait tout simplement comme une vieille femme arrivée au terme de sa vie. Elle me fit alors la requête suivante : «Pour l'amour des pensionnaires, dites-moi comment bien mourir ?»

Je lui répondis tout simplement qu'elle devait mourir comme elle avait vécu. Elle quitterait le temps pour entrer dans l'éternité. Elle fermerait les yeux ici pour les rouvrir dans la gloire. Cette brave femme sourit de contentement et c'est exactement ce qui se produisit, à la gloire de Dieu. Mais quel noble souci elle avait eu ! Elle avait voulu marcher fidèlement jusqu'à la fin, et Dieu lui en fit la grâce.

Pensons, nous aussi, à l'approche de notre fin, lorsqu'il faudra couper le cordon qui nous retient à la terre et que nous mettrons notre main dans celle du Seigneur pour entrer dans le royaume éternel de notre Dieu.

L'anticipation de notre départ pour la patrie céleste peut s'illustrer de la manière suivante. Imaginez que vous êtes malade et que vous avez appelé le docteur. Assis sur le rebord de votre lit, et n'ayant pas d'autre visite urgente programmée, il vous explique calmement la gravité de votre mal et ne vous laisse pratiquement aucun espoir de guérison. Vous lui demandez tout naturellement combien de temps il vous reste à vivre selon lui. Il vous donne bien sûr l'assurance de faire tout ce qui est en son pouvoir pour vous soulager. Que la nouvelle soit soudaine ou que le médecin n'ait fait que confirmer ce que vous redoutiez déjà, vous serez ébranlé intérieurement et il vous faudra un certain temps avant de retrouver votre repos d'esprit. Même ceux qui sont exceptionnellement forts dans la foi *éprouvent de l'appréhension à l'idée de comparaître devant Dieu*, bien que leur esprit ait hâte de le voir et de l'adorer. Cette angoisse se comprend, car il n'existe pas de vallée plus inquiétante à traverser que celle de l'ombre de la mort. Heureusement, nous ne nous y engageons pas seuls, et nous ne la traversons pas dénués de toute consolation.

Je me souviens du premier voyage qui m'a conduit de mon Pays de Galles natal aux Etats-Unis. J'étais excité à la pensée de ce que j'allais découvrir dans ce pays lointain. Jusqu'ici, j'étais bien allé aux Iles Hébrides, une région chère à mon cœur au large de l'Écosse, mais survoler ce vaste océan jusqu'en Amérique était une expérience toute nouvelle. Après avoir préparé et rangé mes notes pour les différentes réunions que je devais tenir, prévu assez de vêtements de rechange et de devises, nous être assurés de n'avoir pas oublié les passeports ni les billets, nous avons enfin pris place dans l'avion. Mais à l'approche des Grands Lacs et à l'annonce des conditions atmosphériques qui régnaient au lieu où l'appareil devait se poser, je fus saisis d'une soudaine appréhension. Ces Américains allaient-ils me comprendre ? M'apprécieront-ils ? De mon côté, est-ce que je les aimerai ? Mon esprit limité fut littéralement bombardé par toutes sortes de questions sur ce qui m'attendait. En fait, les amis étaient là et m'accueillirent avec le sourire et leurs habituelles accolades amicales. Mais cet accueil, aussi chaleureux fût-il, n'est rien en comparaison de celui qui nous attend sur les rives éternelles, dans le pays de la gloire. Dieu lui-même sera là pour nous saluer. Toutes les questions que nous aurons pu nous poser concernant ce lieu inconnu où nous allons nous rendre seront balayées devant l'assurance que tout est bien. Notre Dieu est le but de notre voyage.

Même s'il est difficile d'envisager les séquences logiques qui accompagnent la mort, il faut cependant mentionner la *succession des événements qui nous attendent.*

L'une des premières pensées liées à notre sujet concerne la Personne devant laquelle nous nous tiendrons bientôt, à savoir Dieu lui-même. Les Écritures nous auront enseigné certaines leçons sur sa majesté ; nous aurons également découvert les attributs qui appartiennent en propre à Dieu seul, et d'autres qu'il nous communique dans une certaine mesure par sa grâce. Plus nous nous plongeons dans l'étude de la Parole de Dieu, plus nous sommes émerveillés par ce que nous apprenons.

En comparant notre monde avec celui qui est à venir et à Dieu qui en est le centre, nous serons frappés par leur absolue pureté, ce qui aiguisera notre désir d'aller dans un tel lieu. Nous aspirerons à être avec ce Dieu glorieux qui est en même temps notre Père céleste, car nous sommes ses héritiers et les cohéritiers de Christ *(Romains 8:17)*.

Nous pouvons vivre dans la perspective d'atteindre une destination aussi glorieuse et de jouir de l'éternelle sécurité d'être avec Dieu. Lisons donc les saintes Écritures et entonnons les Psaumes et les hymnes mélodieux pour adorer et louer Dieu dans notre cœur. Ce Dieu qui est amour et pureté nous arrachera au monde déchu avec tout son péché et sa honte, pour nous introduire dans sa maison et dans sa présence. Nous lui serons éternellement reconnaissants pour le don de son Fils, son bien-aimé. Le fait qu'un jour nous serons avec lui et que nous le verrons tel qu'il est inonde notre cœur de croyants. Nous désirons voir ce pays où la multitude innombrable exalte la mort du calvaire dans un cantique céleste sans fin.

En nous préparant pour le ciel, *nous aurons le sentiment très vif de notre indignité*. Nous l'aurons éprouvé déjà depuis bien longtemps, et il se peut qu'il nous traverse à nouveau l'esprit. Je ne crois pas que cette pensée soit mauvaise en soi. La pensée d'une lumière si éternelle sur notre âme nous fait comprendre combien celle-ci doit être pure pour soutenir le regard divin sans recul mais avec un délice serein.

Une seule question nous vient à l'esprit : qui peut jouir d'une telle vision et survivre ? Un sentiment d'appréhension peut s'emparer momentanément de notre âme, et nos yeux s'inonder de larmes, tandis que nous nous interrogeons pour savoir comment, nous dont la nature est si enténébrée et limitée, pouvons paraître devant le Dieu ineffable et soutenir son regard éternel sur notre être dénudé.

Il m'est difficile de concevoir que le Dieu éternel et saint ait pu m'inclure dans son plan, pourtant, il a bien envoyé son Fils unique mourir pour mes péchés. L'amour exprimé par un Dieu si grand et si majestueux pour une créature si minuscule, coupable et mortelle transcende toute compréhension, mais il est vrai. Telle est notre assurance. Elle ne repose pas sur ma dignité, mais sur celle de mon Seigneur et Sauveur Jésus-Christ. Combien le chrétien est privilégié !

A l'approche de la mort, nous pourrons aussi éprouver *une certaine nostalgie de ce que nous aurons connu au cours de notre vie*, en sachant que le Seigneur a tout fait à merveille. La splendeur des montagnes et des vallées avec leurs villages nichés sur le bord des cours d'eau reste gravée dans notre mémoire. Mais si nous réfléchissons de façon spirituelle, nous devons nous rendre compte que l'au-delà nous réserve des panoramas encore plus saisissants. De toute façon, notre mémoire conservera des impressions claires de la création divine. Si nous orientons nos pensées vers les sublimes montagnes de gloire et les vastes pâturages de la grâce d'où jaillit la source des eaux vives, nous commençons à mesurer la beauté de notre demeure céleste. Préparons notre cœur, notre esprit et notre âme pour une vie qui transcende toute description : «Ce sont des choses que l'œil n'a point vues, que l'oreille n'a point entendues, et qui ne sont point montées au cœur de l'homme, des choses que Dieu a préparées pour ceux qui l'aiment» *(1 Corinthiens 2:9)*.

Il y a quelques années, une dame âgée de notre église dut être hospitalisée pour la première fois de sa vie. Je me rendis compte qu'elle était anxieuse et je demandai à Dieu d'être auprès d'elle. Lorsque je lui rendis visite ce même soir, elle m'accueillit avec un large sourire et était impatiente de me dire combien la lecture du Psaume 46 l'avait encouragée. «Écoutez ces paroles, me dit-elle : «Tenez-vous tranquilles» *(v.10,* Darby*)*. Elle m'expliqua alors qu'elle avait imposé la tranquillité toute la journée à son corps et à son âme.

Lors de ma visite le lendemain soir, je la trouvai de nouveau souriante. Je devinai qu'elle avait d'autres choses à me raconter. «Une fois de plus, écoutez ces paroles : «Tenez-vous tranquilles, et sachez.» Elle me dit combien le Seigneur l'avait guidée et instruite par la méditation de ce Psaume durant la journée.

Le troisième soir, elle semblait particulièrement calme. Elle me raconta qu'elle avait été emmenée au bloc opératoire le matin. Quand elle avait repris conscience, dans la salle de réveil, elle avait aperçu des lumières vives au plafond et des personnes tout de blanc vêtues penchées sur elle et lui parlant doucement. Elle avait eu soudain un air de profonde déception. En voyant ses traits se figer, le personnel médical s'était inquiété, mais elle l'avait rassuré en expliquant qu'elle croyait s'être réveillée dans la gloire ! En me rapportant cette histoire, elle attira mon attention sur la suite du verset : «Tenez-vous tranquilles, et sachez que je suis Dieu.» Ce jour-là elle avait rempli ses pensées et son cœur de l'idée de la gloire de Dieu. Avant la fin de la journée, la déception qu'elle avait ressentie à son réveil de l'anesthésie se transforma en joie, car elle était entrée dans la sainte présence de

Dieu. Que toute nostalgie de ce monde s'estompe à la pensée de paraître devant Dieu et d'être éternellement avec lui !

Une autre pensée liée au sujet de la mort devrait occuper notre esprit, celle *des promesses et de l'intégrité de Dieu*. Il est le Dieu qui ne ment pas et en qui il n'y a ni changement ni ombre de variation *(Tite 1:2 ; Jacques 1:17)*. Il a promis une entrée largement accordée dans le royaume éternel de notre Seigneur et Sauveur Jésus-Christ *(2 Pierre 1:11)*. Abreuvez votre âme de ces promesses qui concernent l'accueil de son peuple dans les cieux. Dieu lui-même nous accueillera, et même si ce sont des anges qui nous amèneront au ciel, c'est Dieu qui essuiera toute larme de nos yeux.

Il y a quelque temps, je présidai un service funèbre au cours duquel je lus le passage familier de Jean 14 : «Que votre cœur ne se trouble point. Croyez en Dieu, et croyez en moi. Il y a plusieurs demeures dans la maison de mon Père. Si cela n'était pas, je vous l'aurais dit.» Tandis que je lisais la dernière phrase, son vrai sens sembla prendre vie pour moi : le Seigneur est fidèle et ne nous trompera pas.

A l'issue du service religieux, je me tins à la porte pour saluer les personnes présentes dont l'immense majorité semblait poliment désintéressée. Mais un homme m'agrippa la main en disant : «Dieu ne ment jamais.» Ensuite, je rentrai dans l'église pour remercier la dame âgée qui avait tenu l'orgue. A ma grande joie et ma non moins grande surprise, elle me dit : «Notre Dieu est fidèle.» Nous avions tous les trois saisi la merveilleuse vérité de l'entière fiabilité de Dieu qui n'abandonnera jamais l'âme la plus fragile qui se confie en lui. Il ne nous oubliera jamais, mais nous accompagnera à chaque pas du chemin.

Nous ne sommes jamais loin de son regard et il tiendra ses promesses. Il n'y aura ni larmes, ni faim, ni soif, ni souffrance, ni mort là où il nous conduit.

Finalement, dans nos derniers moments, *que la paix de Dieu soit avec nous*. Nous savons où nous allons et qui nous rencontrerons. L'Écriture nous a donné un aperçu de ce que sera le ciel. Reposez-vous sur sa Parole, appuyez-vous sur sa personne et allez avec lui le cœur serein.

> *«Tiens bien ma main dans la tienne*
> *Jusqu'à ce qu'ait disparu le chagrin*
> *Et que la mort doucement vienne*
> *Et m'emmène dans ton ciel enfin.»*

Il y a un temps pour mourir. Des millions nous ont déjà précédés et d'autres nous suivront. La vallée de l'ombre de la mort est très fréquentée. Pour beaucoup, elle est synonyme de désespoir et de futur sombre. Pour d'autres, elle est le chemin qui mène à la place qui leur est réservée dans la Jérusalem céleste. Je me souviens avoir été fortement impressionné par une simple illustration de Lorraine Boettner dans son livre sur l'immortalité :

> «Je me tiens sur le rivage. A ma droite, un bateau déploie ses voiles blanches au vent et s'élance vers l'océan. C'est un voilier solide et de toute beauté. Je le regarde s'éloigner jusqu'à ce qu'il ne soit plus qu'un petit nuage blanc sur une ligne où l'océan et le ciel se rejoignent. A côté de moi, quelqu'un me dit alors : «Ça y est, il est parti.» Parti où ? Il est sorti de ma vue, c'est tout. Son mât et sa coque sont aussi imposants que lorsque le navire se trouvait près de moi ; et il est toujours aussi capable de conduire ses occupants à bon port. Si ses dimensions ont semblé se réduire, c'est dans ma vision des choses, et non pas de façon objective. Et au moment même où, à côté de moi, une voix a crié : «Ça y est, il est parti», sur l'autre rive, d'autres voix acclament : «Le voilà, il arrive !» Ainsi est la mort.»

Table des matières